LE SOIR avec mes Princes et mes Princesses

AUZOU

Sommaire

Sommaire

Sommaire

Sommaire

Riquet à la houppe

Il était une fois une reine qui mit au monde un fils. Dieu qu'il était laid ! Mais une bonne fée assura qu'il aurait tant d'esprit qu'il pourrait en donner autant à celle qui l'aimerait ! **Comme il était né avec une petite houppe de cheveux sur la tête, on le surnomma Riquet à la houppe.**

Sept ans plus tard, la reine du royaume voisin eut deux filles. La première était belle comme le jour ! Hélas, la fée déclara qu'elle n'aurait pas d'esprit. La reine en fut d'autant plus triste que sa seconde fille naquit très laide. La fée la consola en disant :
« Votre fille aura tant d'esprit qu'on oubliera qu'il lui manque la beauté !
— Pourrait-on donner un peu d'esprit à l'aînée qui est si belle ? demanda la reine.
— Hélas non, dit la fée. Mais en revanche, elle aura le don de rendre beau qui lui plaira. »

Les princesses grandissaient et, dans les bals, les jeunes courtisans se pressaient d'abord autour de la plus belle pour l'admirer, mais vite se tournaient vers celle douée d'esprit pour entendre sa conversation. Un jour, dans la forêt, sanglotant sur son destin, la belle princesse vit un petit homme très laid. C'était Riquet à la houppe.

Surpris, il lui demanda :
« Comment, vous qui êtes si belle, pouvez-vous être si triste ?
— J'aimerais mieux être aussi laide que vous et avoir de l'esprit, répondit-elle. Je suis fort bête, c'est la raison de mon chagrin.
— Je peux faire don de l'esprit à celle qui m'aimera, dit le prince Riquet. Voulez-vous m'épouser ? Je vous donne un an pour vous décider. »

La princesse hésita, puis accepta. À peine eut-elle promis à Riquet de l'épouser dans un an qu'elle put parler avec grâce et esprit. De retour au palais, de nombreux princes offrirent de l'épouser, mais tous lui paraissaient manquer d'esprit et elle ne savait plus qui choisir comme époux.
Un an plus tard, elle partit dans son bois pour réfléchir. Elle entendit soudain un bruit sourd et vit une grande cuisine pleine de marmitons. **« Nous préparons un festin pour les noces du prince Riquet, qui auront lieu demain »**, lui dirent-ils. La princesse, se rappelant alors sa promesse faite il y a un an, vit surgir Riquet qui lui dit :
« Je tiens ma parole et suis sûr que vous tiendrez la vôtre.
— Hélas, dit la princesse, vous m'avez donné l'esprit qui m'a

rendue plus exigeante. Pour m'épouser, vous ne deviez pas me faire voir plus clair. Je peux encore moins me décider aujourd'hui qu'il y a un an !

— Avoir de l'esprit ne peut être qu'un avantage ! répliqua Riquet. Excepté ma laideur, y a-t-il en moi quelque chose qui vous déplaise ?

— Non, répondit la princesse.

— Alors, s'écria Riquet, je vais être heureux, car la fée qui me dota du pouvoir de donner l'esprit à celle qui me plairait vous donna aussi le pouvoir de rendre beau celui que vous aimerez.

— Eh bien, dit la princesse, mon vœu est que vous deveniez le plus beau des princes. »

À ces mots, Riquet devint un prince charmant. La princesse, au lieu de la laideur de son visage, ne vit plus que les qualités de son cœur, et accepta avec joie de l'épouser. Et dès le lendemain, on célébra les noces de Riquet à la houppe avec la belle princesse.

La Belle au bois dormant

Il était une fois une reine et un roi qui eurent une fille. Toutes les fées du royaume furent nommées ses marraines et lui donnèrent des dons merveilleux : elle serait **belle, intelligente, gracieuse**…
Mais une vieille fée, vexée de ne pas avoir été conviée, annonça : « Un jour, la jeune enfant se blessera la main en filant la laine et elle en mourra ! »
Cette terrible prédiction fit frémir l'assemblée. Mais une fée, la plus jeune d'entre elles, qui n'avait pas encore prononcé son vœu, déclara : « Hélas, je ne peux défaire ce qui a été fait, **la princesse se blessera bien la main avec un fuseau**, mais elle n'en mourra point. Elle tombera dans un profond sommeil de cent ans, au bout duquel un prince viendra la réveiller. »
À partir de ce jour, le roi fit interdire les fuseaux dans tout le royaume, sous peine de mort.

Lorsque la princesse atteignit sa quinzième année, nul ne se souvenait de la prophétie. Or, il arriva que la jeune fille monta un jour tout en haut du donjon. Elle fut surprise de découvrir une vieille femme, qui filait sa quenouille en ignorant l'interdiction du roi.

« Que faites-vous là ? demanda la princesse.
– Je file de la laine, mon enfant.
– Cela doit être amusant ! Puis-je essayer ?
– Bien volontiers », répondit la vieille femme en lui tendant son fuseau.
Quand la princesse s'en saisit, elle se blessa la main et tomba évanouie sur le sol. Le roi fut aussitôt appelé et, se souvenant de la prédiction de la méchante fée, fit porter sa fille dans ses appartements. La bonne fée, qui lui avait sauvé la vie bébé, endormit le roi, la reine, et toute la cour, afin qu'ils se réveillent en même temps que la princesse. Tout autour du palais poussèrent des ronces, des buissons à épines et des arbres géants. Ni homme ni bête n'aurait pu entrer.

Cent ans passèrent. Un jour, le prince d'un royaume voisin s'égara dans la forêt alors qu'il chassait. Il aperçut avec surprise les tours du château et demanda à un vieil homme qui en était le propriétaire : « Mon arrière grand-père me racontait souvent qu'**une princesse magnifique y dormait depuis de nombreuses années, n'attendant que le tendre baiser d'un prince,** qui saurait la réveiller et rompre le sortilège », répondit le vieillard.
Le jeune homme n'eut alors plus qu'un désir, aller voir par lui-même ce qu'il en était.

Comme il s'approchait, les ronces et les buissons épineux s'écartèrent comme par magie. Le prince se fraya un chemin jusqu'aux portes du château. Lorsqu'il fut passé, les broussailles se refermèrent brutalement derrière lui.
« Quel étrange endroit ! » pensa-t-il en continuant son chemin.

Partout autour de lui, les gardes, les domestiques et même les bêtes dormaient d'un sommeil profond. La vie dans le château semblait comme en suspens.
Lorsque le prince arriva enfin dans les appartements de la princesse, il vit une jeune fille d'une grande beauté allongée sur un lit de fleurs. Son éclat resplendissant le toucha en plein cœur. Il s'en approcha et se mit à genoux devant elle. Puis, avec une extrême douceur, l'embrassa. **La princesse s'éveilla aussitôt et regarda tendrement le jeune homme : « Est-ce vous, mon prince ? »**

Au même moment, tout le château s'éveilla. Chacun reprit ses activités au point où il les avait laissées. Le roi et la reine retrouvèrent leur fille avec joie. De grandes fêtes furent organisées. Peu de temps après, le prince épousa la princesse. Ils vécurent heureux, longtemps, et eurent de beaux enfants.

Le Magicien d'Oz

Dorothée vivait avec son oncle et sa tante dans une région pauvre et désertique, au Kansas, en Amérique.
Leur maison était une petite cabane en bois très modeste.
Le seul compagnon de jeu de Dorothée était un gentil petit chien, vif et intelligent, nommé Doggy.

Un jour, une terrible tornade s'abattit sur la région. Tellement terrible qu'elle arracha du sol la maisonnette où Dorothée s'était réfugiée avec son petit chien. Bien que ballottée en tous sens, la cabane resta miraculeusement intacte. Lorsque la tempête se calma, la fillette ouvrit la porte et s'aventura dehors.

Un magnifique paysage s'étendait devant elle. De curieux petits personnages, les Muntchkinz, accompagnés par une gentille sorcière, lui apprirent qu'elle se trouvait au pays d'Oz, où régnait un grand magicien appelé le Magicien d'Oz. **Dorothée, qui voulait rentrer chez elle, suivit les conseils de la gentille sorcière et se mit en route à la rencontre du magicien d'Oz.** Chemin faisant, elle rencontra l'Épouvantail. Lui aussi voulait rencontrer le magicien pour lui demander d'ajouter un peu de cervelle dans sa tête de paille. Puis elle rencontra le Bûcheron-en-fer-blanc, qui voulait un cœur dans son corps métallique. Tous trois rencontrèrent ensuite le lion Poltron, qui souhaitait devenir courageux, comme tous les lions.

Lorsqu'ils arrivèrent à la Cité d'Émeraude, où habitait le magicien d'Oz, chacun reçut une paire de lunettes pour se protéger de l'éclat éblouissant de la splendide cité. **Un garde les prévint que le magicien pouvait leur apparaître sous n'importe quelle forme.**

Il apparut en premier à Dorothée sous la forme d'une énorme tête sans corps, sans bras et sans jambes. Il lui dit : « Si tu veux rentrer chez toi, tu dois tuer la méchante sorcière de l'Ouest. » Sous différentes formes – une belle jeune femme, un monstre hideux et une boule de feu –, il fit la même requête aux compagnons de Dorothée, en échange de leurs souhaits.

Ils se mirent donc tous à la recherche de la méchante sorcière. Elle n'avait qu'un œil, mais un œil magique, capable de voir tout ce qui se passait dans le pays. Des singes volants capturèrent les quatre courageux amis et les enfermèrent dans son château. Alors qu'elle prenait un bain, Dorothée aspergea la sorcière qui se mit à fondre instantanément jusqu'à disparaître, sous les yeux étonnés de la fillette.

Le vœu de Dorothée fut exaucé, et elle rentra vite au Kansas, dans la nouvelle ferme de son oncle.

Le Vaillant Petit Tailleur

Par un beau matin d'été, un petit tailleur cousait à sa fenêtre. Il avait préparé une tartine de crème. « Je ne la mangerai que lorsque j'aurai terminé ce pourpoint », se dit-il.
Lorsqu'il voulut la manger, une nuée de mouches avait commencé à se régaler. Il attrapa un torchon, frappa un grand coup et compta sept mouches mortes. **« Sept d'un coup ! Comme je suis fort ! se dit-il. Il faut que le monde entier le sache. »**
Aussitôt, il broda sur sa ceinture les mots « Sept d'un coup ». Puis il s'en alla, emportant un morceau de fromage et son petit oiseau apprivoisé.

Arrivé dans la forêt, il rencontra un géant. Voyant sa ceinture, celui-ci crut qu'il avait assommé sept hommes à la fois. « Je parie que tu n'es pas capable de faire ceci », dit le géant. Il prit un caillou et il le pressa si fort que des gouttes d'eau en sortirent. « Facile ! » dit le tailleur. **Il sortit son fromage,**

le serra dans sa main, et du jus coula. Le géant le félicita, puis lui dit : « Maintenant, voyons si tu peux lancer une pierre aussi loin que moi. » Le tailleur répondit : « Je peux lancer cette pierre tellement loin qu'elle ne retombera pas. Regarde ! » **Et il lança le petit oiseau qui était dans sa poche.**

Impressionné, le géant l'invita à passer la nuit dans sa grotte. Le petit tailleur accepta, le suivit, et avec un peu de chance, réussit à repartir sain et sauf le lendemain.

Il marcha longtemps et finit par s'endormir dans le jardin d'un palais. Grâce à ce qui était écrit sur sa ceinture, on le prit pour un grand guerrier, et il entra au service du roi. Mais les autres pages, croyant qu'il pouvait tuer sept hommes d'un coup, abandonnèrent le roi. Regrettant d'avoir engagé le petit tailleur, le roi lui dit pour s'en débarrasser : « Toi qui es si fort, va tuer les deux géants qui font trembler mon peuple. Je te donnerai ma fille en mariage, et la moitié de mon royaume. »

Le tailleur trouva les géants endormis. **Caché, il jeta des cailloux sur l'un d'eux.**

« Hé, arrête ! fit celui-ci à son compère.

— Je ne t'ai rien fait, répondit l'autre.

— Ce ne peut être que toi. Si tu continues, tu auras affaire à moi. »

Ils commencèrent à se disputer, tant et si bien qu'ils finirent par s'entretuer.

Le petit tailleur retourna auprès du roi, qui revint sur sa promesse : « Maintenant, va tuer la licorne qui sévit dans les parages. »

Le petit tailleur tendit un piège à la licorne. Alors qu'elle le poursuivait, il bondit derrière un arbre et la tua.

Le roi, non content de cet exploit, ordonna encore au tailleur : « Si tu abats le sanglier qui dévaste mes terres, cette fois tu auras ce que je t'ai promis. » Aussitôt, le tailleur partit dans les bois **et tomba nez à nez avec l'animal**. Une chapelle se trouvait sur son chemin. Il y entra, sortit par une petite fenêtre et y emprisonna le sanglier qui l'avait suivi.

Le roi, ne trouvant plus aucun moyen d'échapper à sa promesse, lui donna sa fille en mariage et la moitié de son royaume. Mais une nuit, la fille du roi l'entendit marmonner : « Rapièce-moi cette culotte ! » Elle alla répéter ces paroles à son père. « Ma fille, lui dit-il, ton mari n'est qu'un tailleur ! Cette nuit, deux hommes le tueront. » L'écuyer du nouveau roi avait tout entendu, et lui raconta ce qui se tramait. La nuit suivante, le tailleur fit semblant de s'endormir. Entendant du bruit derrière la porte, il dit à haute voix : **« J'en ai abattu sept d'un coup, j'ai tué deux géants, une licorne et un sanglier, et j'aurais peur de ceux qui sont derrière cette porte ? »** À ces mots, les hommes qui se préparaient à le tuer s'enfuirent, terrorisés.

Depuis lors, le petit tailleur put mener une vie tranquille auprès de son épouse, très fière d'avoir un mari si malin.

Blanche-Neige

Il était une fois une reine qui mit au monde une magnifique petite fille. Ses cheveux étaient aussi noirs que l'ébène et sa peau aussi blanche que la neige, si bien qu'on l'appela Blanche-Neige. Hélas ! La reine mourut peu après la naissance de l'enfant. Le roi se remaria avec une femme très belle mais qui cachait un cœur d'une grande noirceur. Tous les jours, la jeune femme interrogeait son miroir magique :
« Miroir ! Dis-moi qui est la plus belle ? »
Le miroir, qui disait toujours la vérité, lui répondait qu'elle était la plus belle d'entre toutes. Mais les années passaient et Blanche-Neige devenait de plus en plus belle.
Un jour le miroir répondit : « Ma reine, vous êtes très belle, mais Blanche-Neige l'est bien plus que vous ! »

La reine, folle de jalousie, ordonna à un chasseur de tuer l'enfant et de lui rapporter son cœur comme preuve de sa mort. L'homme obéit. Il mena Blanche-Neige au plus profond des bois, mais ne put se résoudre à la tuer. Il rentra au château et présenta à la cruelle reine le cœur d'un chevreuil.

Dans la forêt, Blanche-Neige courait à perdre haleine. Elle s'arrêta, toute tremblante, lorsqu'elle aperçut une petite chaumière. Elle frappa à la porte, mais personne ne répondit. Doucement, elle entra. À l'intérieur, tout était minuscule. Il y avait autour d'une table sept petites chaises. Et sur cette table, sept petits couverts et sept petits gobelets. Elle goûta au contenu des sept assiettes, puis s'étendit sur l'un des sept petits lits et s'endormit. **La maison appartenait à sept nains.** Quand ils revinrent du travail à la nuit, quelle ne fut pas leur surprise en découvrant qu'on avait mangé dans leur assiette et que quelqu'un dormait dans leur lit ! Mais les nains furent si émerveillés par la beauté de Blanche-Neige qu'ils ne la réveillèrent pas.

Le lendemain, lorsque la jeune fille ouvrit les yeux et qu'elle découvrit les sept nains, elle leur raconta ses mésaventures. Ils lui offrirent de rester et de les aider à faire la cuisine et le ménage. Elle accepta. Les jours passèrent paisiblement, jusqu'à ce que la méchante reine consulte son miroir :
« Miroir ! Dis-moi qui est la plus belle ?
– Ma reine, vous êtes très belle, répondit-il, mais Blanche-Neige, qui vit avec les sept nains, l'est bien plus que vous ! »

La méchante reine, qui était aussi une sorcière, décida d'agir elle-même. **Déguisée sous les traits d'une marchande, elle se rendit chez les sept nains et proposa à Blanche-Neige une belle pomme rouge,** empoisonnée. Lorsqu'elle croqua dans le fruit, elle s'écroula à terre, comme morte. Quand les sept nains revinrent du travail, ils la trouvèrent inanimée devant la porte. Leur chagrin fut immense. Afin de préserver sa beauté, les nains taillèrent un cercueil de cristal pour elle.

Un beau jour, un prince découvrit Blanche-Neige et, saisi par sa beauté, en tomba amoureux. Alors qu'il la prenait dans ses bras, le bout de pomme empoisonné tomba de la bouche de la jeune fille qui reprit vie.
Ils se marièrent peu de temps après et vécurent très heureux.

Une fâcheuse habitude

Depuis qu'il avait engagé l'écuyer Tulis à son service, le chevalier Rodrigue avait pris l'habitude de tout lui laisser faire à sa place : **Tulis portait l'armure à sa place, il s'entraînait à sa place et se battait même à sa place !** Alors quand le chevalier apprit que le roi organisait un grand tournoi afin de trouver un époux à la princesse Béatrice, il s'écria aussitôt : « Tulis, tu vas combattre pour moi ! »

Quand le jour du tournoi arriva, le chevalier et son écuyer se présentèrent devant la princesse couronnée. Elle était si belle, que Rodrigue en perdit le fil de ses pensées. Tulis lui chuchota donc à l'oreille les mots qu'il devait prononcer : « Princesse, par la lame de mon écuyer, je vous offre mon cœur et vous prouverai que je suis digne de devenir votre fiancé. »

Les deux hommes s'éloignèrent. Rodrigue, qui était tombé amoureux fou de la princesse, se pencha vers Tulis et lui murmura : « Si tu gagnes tous les combats, je deviendrai roi, et je te promets de te laisser épouser Elya, la sœur de la princesse. Cela devrait te motiver ! »
Tulis se tourna vers Elya. Assise à côté de Béatrice, elle devait peser quatre fois son poids, avait les yeux qui louchaient, un nez de cochon et les dents gâtées. Non, cela ne motivait pas Tulis ! **Mais il était un fidèle écuyer et, pour son maître, il allait gagner !**

Tulis se lança sur la piste pour le premier combat. Il ne lui fallut que quelques secondes pour désarmer son adversaire et lui faire plier genou à terre ! La princesse Béatrice applaudit à tout rompre, tandis que sa sœur Elya se curait le nez.
Le deuxième combat fut tout aussi rapide : cling clang, Tulis remportait la victoire en deux coups d'épée.
Le troisième et dernier combat fut plus difficile. L'adversaire était de taille et il s'en fut de peu pour que Tulis ne rende les armes. Mais les encouragements de la princesse Béatrice lui donnèrent des ailes et, à la surprise de tous, il remporta la victoire !

Béatrice sauta de son siège et rejoignit aussitôt l'écuyer. Rodrigue s'interposa :
« Ma belle, Tulis n'est que mon écuyer, je suis le chevalier que vous allez épouser. »

Le roi se leva et prit la parole : « Ma fille aînée, la princesse Béatrice, a pris l'habitude de tout faire faire à sa sœur : elle lui fait porter ses vêtements, parler à ses invités et même porter sa couronne. C'est ma fille Elya qui se tient à vos côtés. Béatrice est assise là, à côté de moi. **Une fâcheuse habitude, n'est-ce pas ?** »
Rodrigue manqua de s'étrangler : « Aide-moi, Tulis ! » supplia le chevalier.
Mais Tulis n'entendait pas. Il embrassait déjà sa belle princesse en se disant que, lui, sa place, il ne la donnerait pour rien au monde !

Raiponce

Un mari et sa femme souhaitaient depuis longtemps avoir un enfant, en vain. Un jour, la jeune femme aperçut dans un jardin voisin de magnifiques plantes connues sous le nom de raiponces. Elle se mit en tête de manger ces plantes afin de se fortifier et ainsi pouvoir tomber enceinte. Le mari, inquiet pour la santé de son épouse, alla en cueillir de pleines brassées. Mais sa femme en voulait toujours plus. **Il retourna donc dans le jardin mais cette fois se fit surprendre par la sorcière qui habitait là** : « Comment oses-tu entrer dans mon jardin sans ma permission ? » vociféra-t-elle. Entendant les explications du pauvre homme, elle lui répondit : « Je t'autorise à venir chercher autant de raiponces que tu voudras à condition que tu me donnes ton premier enfant. »
Le mari, désespéré, accepta.
Après plusieurs mois, fidèles à leur promesse, les parents remirent à la sorcière leur premier bébé, qui était une très jolie petite fille. La sorcière l'emporta chez elle et l'appela Raiponce. Lorsque, des années plus tard, l'enfant devint une belle jeune fille, elle l'enferma dans une tour.

Afin de monter la voir, la sorcière demandait : « **Mon enfant, fais descendre tes cheveux jusqu'à moi** pour que je puisse monter. » Et la jeune fille, après avoir tressé sa lourde chevelure, la laissait descendre jusqu'au bas de la tour.

Or un jour, un prince, qui passait par là, entendit chanter la jeune fille. Il s'arrêta pour l'écouter quand il vit la sorcière s'approcher puis monter à la tour. Observant la jeune fille se pencher à la fenêtre, il tomba amoureux d'elle immédiatement. Le soir même, il appela Raiponce comme il avait vu la sorcière le faire.

Raiponce crut reconnaître celle qui l'avait élevée et, sans méfiance, fit descendre ses cheveux. Le prince grimpa alors jusqu'à elle et lui déclara sa flamme.
D'abord effrayée, la jeune fille le trouva gentil et beau. Ils s'éprirent l'un de l'autre. Après plusieurs visites, le prince dit à Raiponce : **« Je veux t'épouser et t'emmener loin d'ici, dans mon royaume. »**
Ils convinrent que, le soir même, le prince reviendrait avec des cordes de soie assez longues pour remplacer la chevelure de la jeune fille et l'enlèverait. Mais alors qu'elle parlait à la sorcière lors de sa visite journalière, Raiponce se trahit et celle-ci, furieuse, l'emmena loin de la tour, dans une maison déserte. Le soir, la sorcière tendit un piège au prince et lui jeta un sort : « **Tu ne reverras plus jamais Raiponce** et pour avoir bravé mon interdiction, tu resteras aveugle ! »
Dès lors, malheureux et aveugle, le prince fut condamné à errer à la recherche de sa bien-aimée.

À force d'espoir et de persévérance, son amour le conduisit dans le lieu où vivait la jeune fille. Ce jour-là, Raiponce chantait et le prince reconnut aussitôt la voix qui l'avait charmé. En le reconnaissant, Raiponce courut vers lui et se jeta dans ses bras. Des larmes de joie touchèrent les yeux du prince et celui-ci recouvra aussitôt la vue. Il emmena la jeune fille dans son château et ils se marièrent. Ce fut le début d'une longue histoire d'amour et de bonheur.

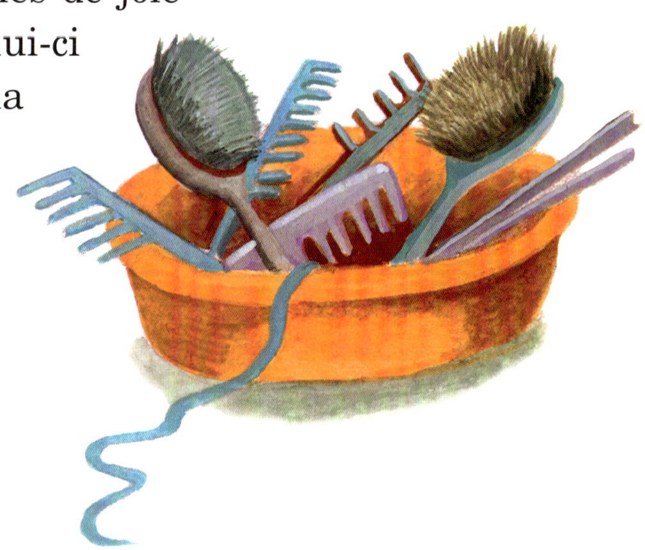

Aladin et la lampe merveilleuse

Aladin et sa mère vivaient en Chine. Un jour, Aladin vit devant chez eux un homme qui prétendait être son oncle et voulait les aider. En réalité, c'était un habile magicien.

L'homme entraîna Aladin loin de la ville et lui remit un anneau pour le protéger. Il répandit une poignée de poudre au sol et prononça des paroles magiques. À cet instant, apparut une pierre que le magicien demanda à Aladin de soulever. À sa grande surprise, la pierre vint à lui sans effort. Il aperçut alors un escalier qui descendait dans un souterrain. « Descends ces marches, dit le magicien, tu arriveras dans un jardin magnifique. Là, dans une niche, tu découvriras une lampe à huile allumée. Éteins-la et rapporte-la moi. »

Aladin trouva la lampe à huile, l'éteignit et la serra contre lui. Avant de repartir, il cueillit des fruits colorés. Puis il traversa le souterrain et arrivé en haut, demanda

à son oncle de l'aider à sortir. Mais celui-ci demanda d'abord la lampe. Aladin refusa. Alors le magicien, furieux, referma le souterrain sur lui. Aladin cria, mais personne ne pouvait l'entendre. Au bout de trois jours, en se tordant de désespoir, il effleura l'anneau qu'il portait à son doigt.
À l'instant même, un génie lui apparut.
« Que veux-tu ? demanda-t-il à Aladin.
– Je veux rentrer chez moi ! » lui répondit-il.
Le génie disparut, et Aladin se retrouva à l'air libre.

Aladin raconta son aventure à sa mère. Tandis qu'il astiquait la lampe pour la vendre au marché, un nuage de fumée sortit de la lampe, et un second génie apparut.
« Je suis le génie de la lampe. Que désires-tu ? demanda-t-il.
– Nous avons faim, apporte-nous de quoi manger ! » ordonna Aladin.
Aussitôt, le génie apporta douze plats d'argent emplis de mets exquis. Puis, il se volatilisa dans la lampe.

Un jour, Aladin aperçut la fille du sultan de Chine, la princesse Badr-al-Budur, qui était d'une grande beauté, et il en tomba amoureux. Il supplia sa mère d'aller demander sa main au sultan.

Sa mère tenta de le raisonner, car jamais le sultan n'accepterait pour sa fille le fils d'un modeste tailleur. Mais Aladin sut la convaincre : « Offrez-lui les fruits que j'ai cueillis dans le jardin des merveilles, ce sont des pierres précieuses. »

Arrivée au palais, elle présenta sa requête au sultan : « Sire, mon fils Aladin est tombé amoureux de votre fille et m'envoie vous demander sa main. »
Quand il vit ces pierres précieuses, le sultan répondit : « Dites-lui que je lui accorderai la main de ma fille s'il m'apporte quarante plats d'or pleins de pierreries semblables à celles-ci, portés par quarante esclaves. » Quand la mère d'Aladin lui rapporta les paroles du sultan, le jeune homme frotta la lampe et le génie apparut.
« Que désires-tu ? dit-il.
– Je veux quarante esclaves, chacun portant un plat d'or empli de pierreries comme celles-ci. »
Le génie exauça le vœu d'Aladin. **On célébra des noces fastueuses et grâce à la lampe, Aladin fit surgir pour la princesse un magnifique palais.**

Le magicien apprit qu'Aladin avait épousé la princesse. Jaloux, il fit fabriquer une douzaine de lampes, puis proposa aux passants, devant le palais d'Aladin, de les échanger contre de vieilles lampes. Ce jour-là, Aladin était parti, mais la princesse, qui ne savait rien de l'histoire du génie, accepta de troquer la vieille lampe d'Aladin contre une neuve. Ravi de sa ruse, le magicien frotta la lampe et il commanda au génie de transporter le palais d'Aladin au Maroc. À son retour, **Aladin vit que son palais et la princesse avaient disparu**. Se tordant de désespoir, il fit par hasard tourner l'anneau magique à son doigt. Surgit alors le génie de l'anneau. Aladin le pria de le transporter là où se trouvait son palais. Ce qui fut demandé fut fait. Aladin arriva au palais et la princesse le fit entrer. Il lui dit : « Ce soir, verse cette poudre dans le verre du magicien. » Sitôt qu'il eut bu son verre, le magicien s'effondra. Aladin lui reprit la lampe et ordonna au génie de les ramener en Chine, avec le palais. **Le sultan, comblé de joie, donna une grande fête.**

Un dragon pas si méchant

Ce jour-là, le chevalier Christian chevauchait à travers bois en quête d'aventure lorsque les bruits d'un rude combat se firent entendre. Filant à vive allure, il ne tarda pas à arriver sur les lieux de la bataille et vit **trois paysans armés de fourches, de cordes et d'un filet aux prises avec un dragon** ! Le monstre défendait farouchement l'entrée de sa grotte. Pour aider les paysans, Christian dégaina son épée et se lança à l'assaut de la bête. Mais les flammes que l'animal crachait l'empêchèrent d'approcher.

« Vous trois ! ordonna-t-il, donnez-moi votre filet, vos cordes et détournez l'attention du dragon ! »

Ainsi, pendant que les trois hommes attiraient le regard du monstre, le chevalier réussit à grimper sur son cou. Il jeta alors le filet sur sa gueule et consolida cette muselière improvisée à l'aide des cordes. Ensuite, il bondit au sol. Et, toujours avec les cordes, il enroula une patte avant de l'animal puis une patte arrière. **Le dragon ne savait plus où donner de la tête !** Si bien qu'en quelques instants, il se retrouva allongé sur le dos, tout saucissonné !

Le chevalier Christian avança sur le ventre du monstre prêt à lui enfoncer son épée en plein cœur.
C'est alors qu'il entendit des sanglots provenant de la grotte.
Retenant son geste, **il vit sortir un bébé dragon apeuré**.
Puis, se tournant vers les paysans…
« Dites-moi messieurs, pourquoi vouliez-vous tuer cet animal ?
— Mais parce qu'un dragon ça dévore le bétail, répondit le premier paysan.
— Et combien de vaches ou de chevaux a-t-il mangé ?

— Aucun. Mais un dragon ça brûle les chaumières, ajouta le deuxième paysan.
— D'accord, dit le chevalier. Et combien de chaumières a-t-il brulées ?
— Aucune. Mais un dragon ça vole tout l'or des gens, expliqua le troisième paysan.
— Ah ! Et quelle quantité d'or ce dragon vous a-t-il volée ? demanda le chevalier.
— Ben, en fait, on est très pauvres et personne n'a d'or au village.
— Si je comprends bien, soupira Christian, vous vouliez tuer cet animal qui ne vous avait rien fait et qui défendait seulement sa maison et son petit ! »
Les trois lourdauds restèrent silencieux.

Alors, d'un coup d'épée, le chevalier libéra le dragon.
Ce dernier se redressa et grogna à l'encontre des paysans. Effrayés, ils s'enfuirent à toutes jambes pour ne plus jamais revenir.
Et pendant que l'animal regagnait sa cachette avec son petit, Christian se dit que la prochaine fois, il y réfléchirait à deux fois avant d'agir. En effet, il avait bien failli tuer un dragon... pas si méchant que ça !

La Petite Sirène

Il était une fois, au plus profond des flots, un château où régnait le roi de la mer. Il vivait là avec ses six filles à la queue de poisson. La dernière était la plus belle de toutes. Un jour, leur père leur annonça : « Mes enfants, quand vous aurez quinze ans, vous pourrez monter à la surface de la mer. »
Ainsi, lorsque les jeunes filles arrivaient à leur quinzième année, elles montaient voir le monde et racontaient aussitôt à leurs sœurs toutes les merveilles qu'elles avaient vues. **La plus jeune était aussi la plus impatiente de toutes. Il lui tardait d'avoir quinze ans, pour voir de ses propres yeux les splendeurs du monde.**

Quand son tour vint, la petite sirène s'éleva à travers les eaux. Un grand navire à trois mâts se trouvait là. On donnait une fête sur le pont, en l'honneur d'un prince, le plus beau que la jeune fille ait jamais imaginé. **Mais une tempête s'annonçait. La mer commença à s'agiter et une grande vague s'abattit sur le bateau.** Il coula, le jeune homme avec lui. Alors, la petite sirène plongea à son secours.

Elle le porta sur une plage, dans une petite crique où s'élevait un couvent. Une jeune fille accourut et la petite sirène alla se cacher derrière un rocher. Quand le prince revint à lui, il sourit à la jeune fille, croyant que cette dernière l'avait sauvé. La petite sirène repartit bien triste chez son père.
Les jours passèrent et la petite sirène était toujours aussi affligée. Elle remontait souvent à la surface pour observer son beau prince. **Désespérée, elle décida d'aller voir la sorcière de la mer, qui habitait une caverne dans les tréfonds du royaume,** là où aucune lumière ne pouvait percer.

« Je sais pourquoi tu viens me voir, dit la sorcière, tu veux échanger ta queue de poisson contre deux jambes humaines, et rejoindre ton prince sur la terre ferme. Je peux t'aider. Tu garderas ta grâce naturelle, mais marcher te fera affreusement souffrir. Le veux-tu ?

– Je le veux, répondit la petite sirène.

– Il faut aussi que tu saches que tu ne pourras jamais redevenir une sirène. Il te faudra gagner l'amour du prince. S'il ne t'épouse pas, tu deviendras écume sur la mer.

– Oui, dit la jeune fille.

– Je vais te préparer une potion, mais **en échange tu dois me donner ta voix !** »

La jeune fille accepta et prit le breuvage de la sorcière. N'osant pas dire adieu à sa famille, elle remonta à la surface où elle but le philtre et s'évanouit devant les portes du palais. Quand elle revint à elle, le prince se tenait à ses côtés. **Elle avait deux jolies jambes à la place de sa queue de poisson** et en se relevant, elle ressentit une grande douleur. Mais c'est d'une démarche légère qu'elle suivit son bien-aimé.

Les jours passèrent et tous à la cour admiraient la beauté et la grâce de la jeune fille, y compris le prince. Malheureusement, il ne songeait pas à l'épouser. Il était amoureux de la jeune fille du couvent, qui l'avait retrouvé sur la plage, mais qu'il ne pouvait épouser. « Hélas ! pensait la petite sirène, il ne sait pas que c'est moi qui l'ai sauvé ! »
Puis un jour, on apprit que le prince devait se marier avec la fille du roi voisin. Ils montèrent à bord d'un vaisseau. Quand la princesse parut, la petite sirène reconnut en elle la fille du couvent. Le prince, fou de joie, la serra dans ses bras et décida de l'épouser le soir même. La petite sirène avait le cœur brisé. **La veille du mariage, elle observa son bien-aimé toute la nuit, puis aux premières lueurs du jour, elle s'élança dans les eaux.** Mais au lieu de devenir écume, elle s'éleva vers le ciel où les filles de l'air l'attendaient. La petite sirène regarda une dernière fois son prince qui scrutait la mer à sa recherche, puis rejoignit les enfants de l'air dans le ciel.

Cendrillon

Il était une fois un brave homme qui avait épousé en secondes noces une femme froide et hautaine. Elle avait deux filles qui lui ressemblaient beaucoup.
Le gentilhomme avait eu de son précédent mariage une fille dont la douceur et la bonté n'avaient d'égale que la beauté. La marâtre était fort jalouse des qualités de sa belle-fille. Elle la chargeait donc de tous les gros ouvrages de la maison. **La jeune fille frottait du matin jusqu'au soir et dormait sur une paillasse dans le grenier.** Elle n'osait se plaindre auprès de son père. Lorsque son travail était terminé, la pauvre enfant allait se blottir au coin de la cheminée, près des cendres, si bien que l'on prit l'habitude de l'appeler Cendrillon.
Un jour, le fils du roi annonça un grand bal à la cour. Il pria toutes les personnes de qualité de venir. Les deux vilaines sœurs allaient s'y rendre, mais la pauvre jeune fille n'avait comme vêtements à se mettre que de vieux haillons usés.
« Hélas ! Comment pourrais-je me présenter devant le prince ainsi vêtue ? » pensait-elle.
Les deux sœurs étaient heureuses de se moquer d'elle. Le soir du bal, la pauvre enfant reprisa et repassa les beaux habits des demoiselles.

Sa marraine la fée, décida de l'aider. « Mon enfant, si tu veux aller au bal, va chercher dans le jardin une grosse citrouille, six petites souris, un gros rat gris et six lézards. » Cendrillon obéit. Aussitôt revenue, **la fée sortit sa baguette magique**. Elle frappa la citrouille qui se transforma en un magnifique carrosse doré, puis les souris furent changées en chevaux blancs, le rat gris en cocher moustachu et les six lézards en élégants laquais. La fée dit alors à Cendrillon :
« Allez en route, mon enfant !

– Mais… ma douce marraine, je ne peux y aller vêtue ainsi ! »
La fée effleura la jeune fille avec sa baguette. Ses haillons se changèrent en somptueux habits d'or et d'argent. Elle lui donna ensuite de délicates pantoufles de verre. Cendrillon embrassa sa marraine et monta dans le carrosse.
« Surtout, rentre avant les douze coups de minuit ; passé ce délai, le charme sera rompu », lui recommanda la bonne fée.
Cendrillon promit et partit.

Arrivée au bal, elle fut reçue comme une princesse. Le prince n'eut d'yeux que pour cette belle inconnue. Ils dansèrent toute la soirée. Aux anges, la jeune fille oublia le conseil de sa marraine. Lorsqu'elle entendit minuit sonner, elle s'enfuit prestement, laissant le prince désemparé. Dans sa fuite, elle perdit une de ses pantoufles de vair. **Le prince se jura de retrouver cette magnifique jeune fille** qu'il aimait déjà.

Le lendemain, le prince annonça qu'il épouserait celle dont le pied s'ajusterait au délicat petit soulier. Les demoiselles de la cour essayèrent la pantoufle. Sans succès.

Lorsque enfin on la porta aux deux sœurs de Cendrillon, elles firent tout leur possible pour y faire entrer leur pied, inutilement. Cendrillon demanda aussi à l'essayer.

Ses sœurs se moquèrent d'elle. **Le gentilhomme qui avait l'ordre de chausser l'escarpin à toutes les filles du royaume fit asseoir Cendrillon.** Quelle surprise quand il vit qu'elle lui allait parfaitement ! Les deux sœurs furent encore plus étonnées lorsque Cendrillon tira de sa poche l'autre pantoufle de vair. On la mena auprès du prince qui reconnut en elle la belle inconnue et l'épousa peu après.

La Princesse au petit pois

Il était une fois un prince qui cherchait désespérément une princesse, mais pas n'importe laquelle. Il désirait une véritable princesse ! **Seulement voilà, comment être sûr qu'une princesse est une vraie princesse ?**
Le prince fit le tour du monde et rencontra des centaines de princesses. Mais à chaque fois, elles avaient un défaut. L'une avait les pieds qui sentaient mauvais, une autre disait des gros mots et une autre encore se conduisait comme une idiote. Elles ne pouvaient certainement pas être de vraies princesses.

Il rentra, attristé, de son long voyage. « Jamais je ne trouverai une vraie princesse, sanglota-t-il. Je vais devoir rester seul dans cet immense château, sans compagne à mes côtés. »
Le roi et la reine essayèrent de le réconforter, mais rien à faire. Les journées passaient et le prince s'ennuyait terriblement.

Un soir de violent orage, une jeune fille nommée Anaëlle frappa à la porte du château. Elle avait les cheveux tout mouillés. Des gouttes d'eau dégoulinaient sur son visage et ses vêtements étaient maculés de boue. Elle ressemblait aux mendiantes qui vivaient dans le village, pourtant, elle affirmait être une princesse.

« Laissons-la entrer, proposa la reine. Je saurai reconnaître une véritable princesse. »

La reine donna à l'inconnue une robe toute propre ainsi qu'une paire de chaussures. Elle lui fit préparer une chambre. Pendant le repas, le prince ne quitta pas Anaëlle des yeux.

À la tombée de la nuit, la reine mit discrètement un petit pois sur le sommier de l'invitée. Elle le recouvrit soigneusement de vingt matelas, puis de vingt édredons. « Nous verrons bien si c'est réellement une princesse », ricana-t-elle avant de sortir de la chambre d'Anaëlle.

Le lendemain matin, la reine se leva la première et attendit que la jeune fille se réveille.

« Avez-vous bien dormi, ma chère ? lui demanda-t-elle.

– Oh ! très mal. J'ai le dos meurtri. Ce lit est très inconfortable ! »

La reine décréta qu'il s'agissait d'une vraie princesse, car seule une jeune fille de sang royal pouvait avoir la peau aussi sensible.

Le prince décida de se marier avec la jeune fille qui avait réussi à sentir un petit pois à travers vingt matelas. Ils vécurent heureux ensemble et eurent beaucoup d'enfants. Le petit pois, quant à lui, fut exposé dans un musée, où l'on peut encore l'admirer, si personne ne l'a volé.

Princesse rebelle

Au palais, ce matin, résonnent mille notes de musique. « Un, deux, trois, quatre. Révérence ! Je vous remercie, mesdemoiselles, le cours de danse est terminé. Ôtez vos pantoufles de verre. Nous passons au chant. Trois, quatre : un jour, mon prince viendra, un jour il me dira… »
Dring ! La cloche vient de sonner et des petites filles vêtues de robes à froufrous courent vers des carrosses garés en file indienne.

Argantel n'est pas la plus coquette. Sitôt dehors, elle détache son chignon et court cheveux au vent. Dernière arrivée, première partie, c'est sa devise ! Elle s'engouffre dans son carrosse qui file bientôt à vive allure. À peine rentrée au château, elle troque sa tenue de princesse contre un short, un tee-shirt et des tongs.

Dans la salle à manger, le dîner est servi et c'est ce moment que choisit Argantel pour faire son annonce.

« Père, Mère, j'ai une grande nouvelle : j'arrête l'École des princesses ! Je ne veux pas devenir reine. Moi, je préfère le rock à la valse et je ne veux pas me tourner les pouces en attendant le prince charmant. Ma décision est prise : je vais faire ma rentrée dans une vraie classe ! »
On entend alors une mouche royale voler, puis le roi brise le silence :
« C'est une plaisanterie ? Vous n'y pensez pas sérieusement, ma chère. Tout le monde rêve d'être princesse !
– Vous perdez la raison, s'exclame la reine. Qu'on appelle un docteur ! C'est sans doute une poussée de fièvre délirante. La pauvre enfant ne sait plus ce qu'elle dit.
– Ne vous donnez pas cette peine, Mère. Je ne suis pas malade. À vrai dire, je ne me suis jamais sentie aussi bien ! »
Et sur ces paroles, Argantel se jette sur son assiette qu'elle termine en deux temps trois mouvements.

Sonnés par cette annonce, le roi et la reine, ne peuvent avaler une bouchée. Mais comment la raisonner ? C'est le roi qui, finalement, tranche : « Bien, puisque tu insistes, c'est d'accord, mais tu changeras vite d'avis et tu me supplieras de te réinscrire à l'École des princesses ! »

Elle fait sa rentrée cartable au dos et aussitôt les filles viennent vers elle.
« La vie de princesse, ça doit être merveilleux !
– Oh non, c'est ennuyeux ! Et puis, princesse, ce n'est pas un métier ! Moi je veux étudier pour avoir un vrai métier ! »
Le soir, Argantel rentre épuisée mais toujours motivée.

Les années passent. Puis un jour, elle déclare : **« J'ai trouvé ma vocation : acrobate de cirque ! »**
La géographie lui a donné le goût de la découverte et elle rêve de sillonner les routes du monde entier. Incollable en mathématiques, elle saura calculer sa trajectoire pour ses numéros de voltige et sa passion du sport lui donnera des ailes. Après la vie de château, place à la vie de chapiteau ! Argantel devient célèbre. Personne ne sait qu'elle est née princesse, enfin presque… Car avant la représentation, quand Argantel se maquille face à son miroir, une étrange petite voix répète : « Princesse, vous n'êtes peut-être pas la plus belle, mais vous êtes assurément la plus rebelle ! »

La Belle et la Bête

Il était une fois un marchand qui avait trois filles. Les deux aînées, méchantes, aimaient se contempler dans le miroir et porter de beaux habits. La cadette, au contraire, était d'une grande gentillesse et d'une beauté telle qu'on l'appelait Belle.

Un jour, le marchand partit pour affaires en ville. Les aînées lui demandèrent de leur rapporter de superbes toilettes et des bijoux. Le père, voyant sa dernière fille muette, lui demanda :
« Et toi, Belle, qu'est-ce qui te ferait plaisir ?
— Vous revoir très vite, père, répondit-elle.
— Tu n'as donc besoin de rien ?
— Je serais ravie de sentir le doux parfum d'une rose. »
Ainsi, le père s'en alla.
Sur le chemin du retour, **en traversant la forêt, le marchand se retrouva devant les portes d'un magnifique palais**. Il entra, appela, mais personne ne répondit. Dans les allées du jardin fleurissaient de splendides rosiers. Il voulut cueillir une rose pour Belle mais au moment où il tendit la main, une bête effrayante surgit :
« Voleur ! Vous osez entrer chez moi et prendre mon bien le plus précieux ! Vous allez périr !
— Je vous en prie ! Je ne voulais pas vous offenser ! Je souhaitais offrir cette rose à une de mes filles, implora l'homme.

— Dans ce cas, vous aurez la vie sauve si vous me ramenez une de vos enfants ! » dit la bête.

De retour chez lui, le marchand fit part à ses filles de l'horrible marché. Belle s'exclama : « Oh père ! Tout est de ma faute, laissez-moi y aller. »

Le marchand, très malheureux, consentit à la laisser partir. Le lendemain, elle se rendit au palais. **Errant dans les couloirs vides, elle finit par tomber devant une porte où était inscrit « Chambre de Belle ».** Elle s'y reposa. Le soir, le château était toujours désert, mais elle découvrit qu'on avait servi un merveilleux dîner.

Quand elle entama le dessert, la bête arriva. Il l'avait observée toute la journée et, ému par sa beauté, s'était épris d'elle. Quand Belle vit son hôte, elle fut terrifiée. D'une voix tendre, il lui dit : « Je suis votre serviteur, Belle. Vous êtes ici chez vous. Mais dites-moi franchement, me trouvez-vous repoussant ?

— Votre aspect est quelque peu effrayant, répondit la jeune fille, mais vous avez été bon avec moi en me traitant comme une princesse.
— Alors, voulez-vous m'épouser ? »
Et c'est avec la même franchise que Belle lui répondit non.
Les jours passèrent, Belle n'avait plus peur de la bête. On lui préparait les mets les plus raffinés et on lui confectionnait de magnifiques toilettes. Tous les soirs, la bête lui demandait de l'épouser et Belle refusait toujours, ce qui le chagrinait beaucoup.

« Qu'est-ce qui vous ferait vraiment plaisir ? lui demanda un jour la bête.
— J'aimerais revoir mon pauvre père ! »
La bête, compatissante, permit à la jeune fille de rentrer chez elle, si elle promettait de revenir auprès de lui au huitième jour. Puis il claqua des doigts et Belle se retrouva chez son père, qui la serra très fort dans ses bras. Mais ses sœurs étaient mécontentes de la revoir.
« Arrangeons-nous pour qu'elle reste plus de huit jours, se dirent-elles. Alors la bête se vengera et la tuera. »

Le jour du départ, les deux sœurs se mirent tant à pleurer que Belle eut pitié : « Ne pleurez plus, mes sœurs, je vais rester encore un peu. »
Quelques jours plus tard, Belle rêva que la bête mourait de chagrin. Inquiète, elle partit pour le palais où elle trouva la bête inanimée.
La jeune fille lui aspergea le visage d'eau, et la bête ouvrit les yeux : « Je croyais que vous m'aviez abandonné ! Alors je me laissais mourir de désespoir !
— Je suis là, maintenant, et je veux vous épouser », répondit Belle.
À ces mots, le palais s'illumina et la bête se transforma en un beau prince. Il lui raconta alors comment une sorcière lui avait jeté un sort, le condamnant à rester une bête jusqu'au jour où une femme viendrait le libérer. C'est ainsi qu'ils se marièrent et vécurent heureux.

La Princesse courant d'air

Au royaume de Maunacair, la princesse Anaëlle est appelée « la princesse courant d'air » car elle disparaît aussi vite qu'elle apparaît. La jeune princesse est aussi très tête en l'air. La reine lui avait offert, pour son anniversaire, de magnifiques oiseaux dans une jolie cage dorée. Mais ceux-ci se sont échappés : « J'ai oublié de fermer la porte à clé... », a répondu Anaëlle. Et c'est pareil pendant la classe : Anaëlle regarde dehors le temps qu'il fait et rêvasse. **Dès que la cloche retentit, la princesse file à vive allure...** un vrai courant d'air ! Mais que peut-elle bien faire ? On ne la revoit ensuite que pour le repas.

Les souverains la cherchent à longueur de journée :

« Où est passée la princesse ? L'avez-vous aperçue ? demande le roi.

– Elle était ici, il y a peu, sire... Mais elle a encore disparu... » lui répond-on invariablement. **À peine retrouvée, Anaëlle disparaît à nouveau.** Où peut-elle courir ainsi ? Et les rares jours de pluie où elle reste enfermée, elle attend en s'ennuyant le nez collé à la fenêtre, regardant tristement les gouttes tomber.

« Qui voudra bien épouser Anaëlle plus tard ? » se lamente la reine, désespérée.

Celle-ci, voulant comprendre l'emploi du temps si chargé de sa fille aînée, revêt une tenue discrète et des baskets. Dès qu'Anaëlle franchit le pont levis, la reine, ainsi habillée, court à sa suite. Malgré la fatigue, elle suit sa fille, essoufflée. Elles arrivent après une course effrénée, près d'un hangar, perdu au milieu de nulle part. « Que vient-elle faire ici ? » s'étonne la reine.

La princesse enfile, sous les yeux ébahis de sa mère, une combinaison pleine de taches. Elle grimpe ensuite agilement à bord d'un avion biplan.

En quelques minutes, la princesse démarre l'engin, roule, décolle et vole dans les airs. Elle enchaîne, au milieu des nuages, des boucles et des tonneaux, sous un tonnerre de bravos provenant de quelques badauds et aussi du mécano.

Lorsqu'elle se pose, la princesse découvre sa mère. « Oh non ! Fini à jamais la liberté ! Maintenant, je vais devoir rester enfermée » songe tristement Anaëlle prise en flagrant délit.

Mais sa mère la rassure :

« Tu aurais dû nous le dire ma chérie. Je ne savais pas que tu aimais l'aviation toi aussi. Autrefois ton père était pilote.

– Je ne veux pas devenir princesse. **Je veux voler, et garder ma liberté.** Et c'est pour cette raison que j'ai libéré les oiseaux...

– Je comprends tout maintenant », constate la reine.

L'histoire ne dit pas si le mécanicien devient ou non le prince charmant d'Anaëlle. Mais ce qui est sûr c'est que celle-ci continue de voler, sans se cacher. Et à la question : Où est la « princesse courant d'air » ? La réponse est désormais : dans les airs !

Les Douze Frères

Dans un royaume lointain vivait une belle et insouciante princesse. Mais un jour de grande lessive, elle découvrit, dans le linge royal, douze chemises de garçons.
« À qui sont ces vêtements ? demanda-t-elle à sa mère, la reine.
— Oh, ma fille, répondit tristement cette dernière. Avant ta venue au monde, j'avais déjà douze fils. Mais **la Loi de la Couronne ordonne que seule la princesse hérite du trône**. Pour ne pas que tes frères soient enfermés à vie dans le donjon, je les ai envoyés se cacher dans la forêt le jour de ta naissance.
— Les pauvres, c'est très injuste ! s'écria la jeune fille. Je vais les retrouver ! »
Aussitôt dit, elle partit dans les bois. Et, le soir venu, elle découvrit une chaumière entourée d'un jardin fleuri. Curieuse de voir qui habitait là, elle poussa doucement la porte d'entrée. **Douze garçons étaient attablés pour le souper.** Benjamin, le plus jeune, la remarqua en premier.
« Regardez mes frères ! s'émerveilla-t-il. Elle ressemble à la reine, notre mère adorée ! C'est notre petite sœur ! »

Tous l'accueillirent avec beaucoup d'amour, et la jeune fille vécut quelques jours heureux avec eux…

Un matin, pour les remercier de leur gentillesse, elle cueillit dans le jardin douze lys. Et soudain, ses frères se transformèrent en corbeaux et s'envolèrent au loin !
La princesse sanglotait… lorsque la sorcière des bois apparut. « Ces fleurs étaient magiques ! expliqua-t-elle. Quand tu les as cueillies, l'enchantement qui protégeait tes frères est devenu un mauvais sort. Pour les sauver, **tu devras garder le silence pendant sept ans**. »

Sans hésiter, la princesse jura de ne plus parler à personne. Pour cela, elle s'enfonça dans les profondeurs de la forêt…
Bien des années plus tard, le jeune souverain du royaume voisin partit à la chasse. Au hasard de son chemin, il découvrit la princesse cachée dans un arbre. Ébloui par sa beauté,

il la demanda en mariage. Comme elle n'avait toujours pas le droit de parler, elle accepta d'un mouvement de tête.
Cependant, quand le jeune souverain la conduisit dans son palais, la cruelle reine se fâcha : « C'est une mendiante ! gronda-t-elle. Vous ne l'épouserez pas, mon fils ! Je la condamne à mort ! »
Le jeune souverain, le cœur brisé, conduisit donc sa bien-aimée jusqu'au bûcher. **Mais douze corbeaux se posèrent en travers de leur chemin** et se transformèrent en beaux garçons : sept années s'étaient écoulées, le sort était rompu !
Libérée de son serment de silence, la princesse raconta sa triste histoire et, ensemble, ils retournèrent au palais.
La cruelle reine, honteuse, disparut alors dans la forêt, et le jeune souverain put enfin épouser sa belle.

Le Prince et la Poupée

Alors que des enfants s'amusaient et s'agitaient dans les rues de Menton, une femme se pencha à sa fenêtre et soupira : « Ah comme j'aurais aimé avoir un enfant moi aussi… Notre petite maison aurait été si heureuse avec des rires et des cris. »
En entendant sa femme se lamenter ainsi, son époux décida de lui sculpter une poupée de cire si délicate, qu'on aurait pu la croire en vie.

L'homme et la femme s'occupaient de la poupée comme d'un véritable enfant. Ils l'asseyaient à table avec eux, la promenaient dans le jardin et lui faisaient même la lecture. Un jour, le fils du roi passa devant la maison et aperçut la poupée. **Il la trouva si belle, qu'il tomba instantanément amoureux d'elle !** De retour au palais, il implora son père d'aller la faire chercher. Le roi envoya donc huit serviteurs dans la modeste demeure afin de demander la main de la jeune femme et de la ramener au château.
Embarrassés, les parents de la poupée n'osèrent avouer la vérité. Ils ne protestèrent donc pas quand les serviteurs chargèrent leur enfant de cire sur une litière fermée par des rideaux dorés.

Sur le chemin du retour, les serviteurs se sentirent fatigués et s'arrêtèrent dans une auberge afin de se reposer. Alors qu'ils se délectaient d'un bon vin, **quatre fées soulevèrent discrètement les tentures de la litière et aperçurent la poupée de cire**. Elles la trouvèrent si jolie qu'elles décidèrent de s'installer près d'elle pour bavarder. Au moment où elles prenaient place, un courant d'air fit hocher la tête de la poupée, ce qui amusa beaucoup les fées.

« Et si nous offrions à cette poupée toutes les qualités ? proposa l'une d'entre elles.

— **Quelle bonne idée !** »

C'est ainsi que, tour à tour, les fées dotèrent la poupée d'une magnifique voix, de la sagesse, de la gaieté et de mille autres vertus. Au petit matin, quand elles entendirent les serviteurs regagner la litière, elles disparurent sans tarder.

Arrivée au palais, la poupée était devenue une sublime jeune femme, encore plus belle que dans les souvenirs du prince : « Ma douce, voulez-vous m'épouser ? demanda aussitôt le prince en la voyant.

— Je ne me marierai avec vous qu'en présence de mes parents », répondit la jeune femme.

Le prince les envoya aussitôt chercher. **Quel ne fut pas leur étonnement quand ils se rendirent compte que leur poupée de cire avait pris vie !**

Le mariage eut lieu le jour même. Les parents de la mariée furent invités à rester au palais et tout le monde y vécut heureux durant de longues années.

La Maman de la princesse

Dimanche, c'est la fête des mères. À l'école des princesses, toutes les petites filles se réjouissent des surprises qu'elles préparent pour leurs mamans. **Seule Cloélia est bien malheureuse.** Elle n'a aucune idée de cadeau pour sa maman. Elle voudrait quelque chose de spécial, de beau et que la reine pourrait garder toute sa vie…
Cloélia interroge ses camarades :
« Anaëlle, tu vas lui offrir quoi à ta maman, toi ?
– Je vais lui acheter un gros bouquet de roses ! Ce sont ses fleurs préférées ! Elle va adorer.
– Et toi, Mélissa ?
– Moi, je vais lui préparer un collier avec des perles de toutes les couleurs. Comme ça, elle pourra le mettre avec toutes ses robes de bal !

– Et toi, Colyne, tu as une idée pour ta maman ?
– Oui, mais c'est un secret !
– Oh, s'il te plaît, dis-le-nous, supplient les trois princesses en chœur.
– D'accord… Avec mon grand frère, on va cuisiner un gros gâteau en forme de château ! Et puis, comme ça, nous aussi on se régalera ! »
Les quatre petites filles éclatent de rire. Mais Cloélia ne sait toujours pas quoi offrir à sa maman…

Le soir, quand la gouvernante vient chercher Cloélia à l'école, elle voit tout de suite que quelque chose ne va pas :
« Qu'est-ce que tu as, ma jolie ? lui demande-t-elle.
– Je n'ai pas de cadeau pour la fête des mères, dit Cloélia.
– Ta mère est une reine, elle a déjà tout ce qu'il lui faut, ne t'en fais pas. »
Mais la petite princesse a le cœur serré, elle aimerait tellement faire un cadeau à sa maman…

Au dîner, Cloélia n'ouvre pas la bouche. Elle sent des petites larmes lui picoter les yeux et ose à peine regarder la reine de peur de se mettre à pleurer.
Alors quand elle vient lui faire son bisou du soir, Cloélia éclate en sanglots :
« **Maman, pleure-t-elle, je n'aurai rien à t'offrir pour ta fête...** Je voulais te trouver un cadeau très spécial, que tu aurais pu garder toute ta vie, mais je n'ai aucune idée…
– Ce n'est rien, ma chérie. J'ai déjà un cadeau très spécial, et c'est toi ! Je n'ai besoin de rien d'autre.
– Ah oui ? C'est vrai ?
– Bien sûr, ma chérie. »
La reine embrasse Cloélia et referme la porte.

Dans son lit, Cloélia réfléchit. « Moi, un cadeau spécial, je n'y avais pas pensé… Mais c'est peut-être ça la solution ! Ça y est ! **Je la tiens, mon idée !** »

Le lendemain, la petite princesse reste enfermée dans sa chambre jusqu'au repas de midi. Le roi et la reine sont inquiets. Ils pensent que leur fille est toujours contrariée de ne rien avoir à offrir à sa maman le lendemain.
À midi, la gouvernante appelle : « Descends maintenant Cloélia ! Il faut que tu avales quelque chose… »
Cloélia obéit et engloutit son repas en quatrième vitesse avant de remonter dans sa chambre, où elle reste jusqu'au soir !

C'est enfin dimanche, la fête des mères ! Le soleil est à peine levé que Cloélia se précipite dans la suite royale en sautant sur le lit à baldaquin :
« **Bonne fête, maman !** crie-t-elle en l'embrassant. Tiens, c'est pour toi ! Je l'ai fait toute seule !
– Oh, ma chérie, tu as trouvé un cadeau finalement ! »
La reine ouvre le joli paquet que Cloélia lui a préparé.
« Mais, c'est toi ! Quelle merveille ma chérie ! C'est le plus beau cadeau dont je pouvais rêver ! Je t'aime ma Cloélia !
– Je t'aime, maman. »

Yvain et le lion

En cet après-midi de printemps, **Yvain, chevalier de la Table Ronde, marche dans les bois en quête d'exploits fantastiques à accomplir**. Quand soudain, un rugissement de douleur déchire le silence de la forêt ! Vite, notre chevalier accourt à l'endroit d'où provient le cri et constate qu'un gigantesque serpent est enroulé autour d'un lion. Il est sur le point de l'avaler tout rond ! Le pauvre félin essaye de donner des coups de patte mais l'étreinte du serpent est si forte qu'il peut à peine bouger.
Que faire ? se demande Messire Yvain. Faut-il intervenir ou laisser la nature faire son travail ?
Mais finalement, il ne peut se résoudre à abandonner le lion à son triste sort. En effet, pour tout chevalier, le serpent est symbole de méchanceté et de lâcheté, alors que le lion représente le courage et l'honneur.

Ainsi, **Yvain sort son épée et avance**, le regard fixé sur le serpent. Voyant cela, le méchant animal ouvre largement sa gueule et crache un puissant jet de flammes !
Heureusement, notre chevalier, rapide comme l'éclair, se protège derrière son bouclier. Puis, dans un mouvement circulaire, il fait tournoyer son épée et frappe le serpent à la tête ! Ce dernier, étourdi, relâche un peu son étreinte. Le lion en profite pour se libérer et se mettre en position d'attaque, toutes griffes dehors !

Le serpent, reprenant ses esprits, comprend qu'il ne pourra pas vaincre deux ennemis aussi courageux. Alors, fidèle à sa réputation, il part, lâchement, se cacher dans un bosquet.
Victorieux, Messire Yvain et le lion se retrouvent face à face…

Puis, en signe de respect et de gratitude, le félin vient lentement devant le chevalier et, faisant une révérence, il allonge ses pattes avant et incline la tête.

Messire Yvain incline à son tour la tête par courtoisie et range son épée dans son fourreau.

Ces politesses échangées, le chevalier reprend son chemin solitaire à travers la forêt.

Cependant, il ne reste pas seul très longtemps, car le lion a décidé de le protéger et de marcher à ses côtés pour toujours…

C'est ainsi que débutent les formidables aventures de nos deux héros, dont les exploits seront contés dans toutes les chaumières… Ils affronteront le terrible géant nommé Harpin de la Montagne, ils combattront pour l'honneur et la vie de la brave servante Lunette, promise à un destin tragique. Dans tout le royaume, on chantera leur victoire contre deux frères maudits au château de Pire-Aventure ! **Partout l'on connaîtra la fantastique histoire d'Yvain, le chevalier au Lion !**

Une princesse si discrète

Chloé avait beau être la plus belle et la plus intelligente des princesses, elle n'osait jamais regarder les gens dans les yeux. Elle était trop timide pour cela et avait peur du regard des autres.

À l'école comme au palais, la petite princesse se faisait si discrète, qu'on avait tendance à l'oublier…

Un jour, **Chloé annonça à ses parents qu'une pièce de théâtre allait être montée à l'école.** Aussitôt, le roi et la reine se remémorèrent leur jeunesse et les nombreuses pièces auxquelles ils avaient assisté :
« Tu dois obtenir le premier rôle ! s'écria la reine.
– Nous serons si fiers de toi, » appuya le roi.
Chloé sentit le sol se dérober sous ses pieds. Rien ne pouvait être pire pour elle que la perspective de devoir parler devant des centaines de paires d'yeux rivés sur elle, en pleine lumière, sur une estrade ! « Je… je… vais essayer… » bredouilla-t-elle, incapable de s'opposer à ses parents.

Le jour des sélections approchait. Chloé était terrifiée à l'idée de devoir monter sur scène.
« Je dois le faire pour mes parents… expliqua-t-elle à Nina, sa meilleure amie.
– Rassure-toi, lui répondit Nina, dans cette pièce, les comédiens sont masqués, personne ne te verra !
– On verra tout de même mes yeux… se lamenta Chloé. À moins que… Mais oui ! **Ça y est ! J'ai une idée !** Tu vas passer la sélection à ma place ! »
Nina commença par refuser, mais, finalement, devant l'insistance de son amie, finit par accepter.

Quand le jour des sélections arriva, le directeur du théâtre appela les candidates une à une :
« Princesse Chloé, c'est votre tour, annonça-t-il enfin.
– Vas-y » chuchota Chloé à Nina, cachée derrière le rideau.

Nina s'avança sur la scène. Chloé lui avait fait réciter son texte pendant des jours, mais elle avait bien du mal à s'en rappeler.
« Euh… Richard, commença-t-elle.
– Roméo ! lui souffla Chloé. Pas Richard !

– Roméo, pourquoi es-tu… euh…
– Cela suffit princesse, la coupa le directeur. Au suivant !
– Attendez ! l'arrêta Chloé en sortant de derrière le rideau. Je… J'étais malade et j'ai demandé à Nina de me remplacer. Mais je vais mieux !
– Très bien, je vous écoute. »
Rassemblant son courage, Chloé déclama son texte. Les autres candidates l'écoutèrent sans un mot. Quand elle eut terminé, **tout le monde applaudit. Finalement, ce n'était pas si difficile…**

Le soir, en rentrant au palais, Chloé annonça au roi et à la reine qu'elle avait eu le rôle.
« Tu dois être si heureuse ! se réjouit la reine.
– Oui, répondit Chloé, car, aujourd'hui, j'ai gagné assez de confiance en moi pour vous dire que je ne veux pas faire de théâtre. J'ai refusé le rôle. Ce que je veux faire, c'est chanter ! » Le roi et la reine se regardèrent en souriant. La timidité de Chloé envolée, la vie allait être bien différente désormais…

La Rentrée de Princesse Pissenlit

« Sire,
J'ai bien reçu votre requête, mais les dragons ne sont en aucun cas acceptés au sein de notre établissement ! Ils sont priés de se rendre dans l'école pour dragons la plus proche.
Bien à vous,
La maîtresse de Princesse Pissenlit »

Le roi replia la lettre : « **Je te l'avais bien dit, ma chérie !** Pistache ne pourra pas t'accompagner à l'école. »
Princesse Pissenlit serra les poings et tapa du pied :

« Puisque c'est comme ça, la rentrée se fera sans moi ! »
La princesse attrapa son dragon et courut s'enfermer dans sa chambre.
« Tu vas voir Pistache, pendant que tout le monde part travailler, nous, on va bien s'amuser. »
Princesse Pissenlit posa une couronne sur la tête de son dragon et lui enfila quatre pantoufles à pompons. « **Tu ressembles à une vraie princesse à présent !** Tu es ravissant ! »
Mais quelque chose à l'extérieur attira l'œil de Princesse Pissenlit : « Viens voir ! » dit-elle en se penchant à la fenêtre.
Pistache s'approcha et aperçut des dizaines d'enfants prendre le chemin de l'école.

« Ils ont l'air triste, tu ne trouves pas ? » se moqua la princesse. Pistache tourna les yeux et vit, un peu plus loin, des dragons chargés de cartables. Ils avaient tous le sourire aux lèvres et certains sautillaient même de joie. Pistache s'éloigna de la fenêtre et baissa la tête. « Tu ne veux plus jouer ? » demanda la princesse.
Pour toute réponse, le dragon haussa les épaules et s'allongea dans son panier.

Le lendemain matin, Princesse Pissenlit se réveilla tôt : **« J'ai une idée, annonça-t-elle à son dragon. Tu vas te cacher dans mon cartable et m'accompagner ! »**

Princesse Pissenlit quitta le château en courant, sous les yeux médusés de ses parents. Une fois à l'école, elle rejoignit ses amies. De sa cachette, le dragon l'entendait raconter ses vacances, chanter la *Souris verte*, puis trembler d'effroi en écoutant la maîtresse lire un livre sur les rats ! Mais, soudain, de la poudre de craie tomba sur les naseaux de Pistache. Il essaya de se retenir, mais rien à faire ! « **A-A-Atchoum !** éternua-t-il, en lâchant une gigantesque flamme.
– Au feu ! s'écria la maîtresse. Tout le monde dehors ! »
Les enfants se mirent à courir dans tous les sens, renversant les pots de peinture, piétinant les livres et se faisant des croche-pieds !

Quelques instants après, les pompiers arrosaient toute l'école, inondant les classes et dévastant tout le travail des enfants !

Princesse Pissenlit rentra au château et, sans un mot, s'enferma dans sa chambre. La reine la rejoignit et la serra dans ses bras : « **Je crois que j'ai une idée,** lui dit-elle. Et elle me semble bien meilleure que la tienne… »

Le lendemain, Princesse Pissenlit se rendit à l'école qui avait été nettoyée. Elle avait dans son cartable une photo de son dragon préféré. De son côté, **Pistache rejoignait l'école des dragons,** un portrait de Princesse Pissenlit caché sous son bonnet. Ainsi, à la récréation, quand leur ami leur manquait, il leur suffisait de sortir leur photo pour se sentir apaisés. Et le soir, Pistache et Princesse Pissenlit étaient encore plus heureux de se retrouver !

Le Cheval enchanté

Le roi de Perse recevait le premier jour de l'an tous ceux qui voulaient le voir. Une année, un vieil Indien lui présenta **un cheval volant mécanique** pouvant transporter son cavalier au bout du monde. Firouz, le fils du roi, bondit en selle pour essayer ce cheval et s'envola. « Misérable ! s'écria le roi. Tu n'as pas expliqué à mon fils comment faire pour revenir », et il jeta l'inventeur en prison.
Le prince, survolant monts et vallées sur sa monture, vit un splendide palais et se posa non loin. La nuit venue, il s'approcha. Par une fenêtre, il vit une ravissante jeune fille endormie, que la brise réveilla.
« Qui êtes-vous ? demanda-t-elle surprise. Je suis Fleur de Lune, la fille du roi du Bengale.
— Moi, **je suis Firouz, le fils du roi de Perse**, répondit-il.
— Vous semblez épuisé, dit la princesse. Restez ici vous reposer. »
Ils parlèrent longuement et Firouz, tombé amoureux de la princesse, lui déclara au matin : « Mon vœu le plus cher est que vous veniez au royaume de mon père pour devenir mon épouse. » Fleur de Lune accepta, et les deux jeunes gens montèrent sur le cheval mécanique sans prévenir personne. Le roi de Perse, tout joyeux de voir revenir son fils avec sa belle fiancée, fit préparer un grand banquet de noces. Il libéra l'inventeur qui, pour se venger, attira la princesse sur

la terrasse du palais, la poussa sur le cheval mécanique et disparut avec elle dans les airs. **Apprenant cela, le prince Firouz, désespéré, s'élança à sa recherche.**

Cependant, le vieil Indien et la princesse, arrivés dans le royaume du Cachemire, se posèrent dans une forêt. « Restez ici, dit l'inventeur, je vais chercher à manger. » Le roi du Cachemire, qui chassait dans cette forêt avec son escorte, entendit pleurer la princesse. Elle le supplia de la délivrer du misérable qui l'avait enlevée. Et quand le vieil homme revint, les chasseurs le tuèrent. Le roi invita la belle princesse au palais, et y fit aussi porter le cheval mécanique. Il donna pour Fleur de Lune de grandes fêtes, et voulut l'épouser. Mais elle ne pensait qu'au prince Firouz. Alors le roi menaça de la garder prisonnière si elle le refusait comme mari. La princesse feignit donc d'être gravement malade, et aucun des médecins appelés ne put la guérir. Entre-temps,

le prince Firouz, arrivé dans le pays, entendit parler de la malheureuse princesse. Firouz alla voir le roi habillé en médecin et, muni d'une fausse barbe, lui dit pouvoir guérir la princesse. Laissé seul avec elle, **il ôta sa fausse barbe et lui exposa son plan pour s'enfuir**. Puis Firouz dit au roi : « Le cheval a jeté un sort à la princesse. Qu'on le porte sur la grand-place et qu'on y dresse un bûcher. Je brûlerai le cheval pour briser le maléfice, et la princesse sera guérie ! » Le roi exécuta les ordres et Firouz alluma le bûcher, avant d'y lancer de la poudre noire en prononçant des paroles magiques. Il fit vite monter la princesse sur le cheval. **Le roi du Cachemire, stupéfait, vit le cheval mécanique s'élever au-dessus de la fumée, emportant Firouz et Fleur de Lune vers la liberté et le bonheur !**

Trois fées et un berceau

À la naissance de chaque enfant, c'est bien connu, **trois fées se penchent sur son berceau** et font trois vœux. Quand ce sont des garçons, elles leur souhaitent généralement d'être forts, grands et courageux. Pour les petites filles, elles choisissent souvent la beauté, la générosité et la sagesse. « Peut-être pourrait-on un peu varier les qualités, voire en échanger certaines ? demandèrent un jour de jeunes fées.

— Comment ? s'exclamèrent les trois fées qui exerçaient leur métier depuis des centaines d'années. Il n'en est pas question ! Il y a des qualités de filles et des qualités de garçons ! Finie la discussion ! »

Les trois jeunes fées étaient vraiment énervées ! C'était insensé ! Pourquoi des filles ne pourraient-elles pas être courageuses et des garçons généreux ? Tout ça ne pouvait plus durer. Il fallait qu'elles passent à l'action ! Le soir de la naissance de la princesse Aurélie, les trois jeunes fées se cachèrent dans le voile du berceau et attendirent patiemment…

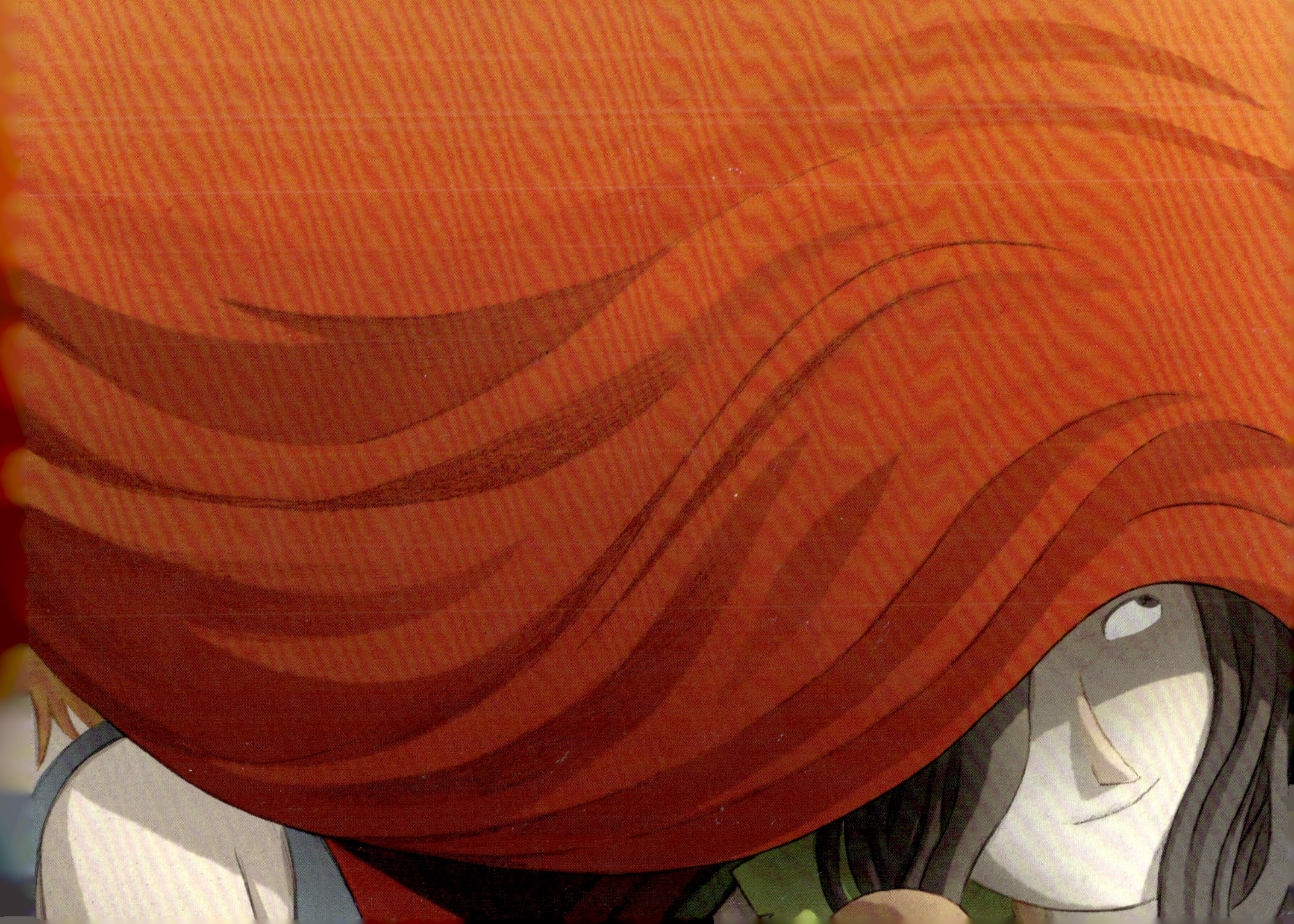

Les trois grandes fées arrivèrent et commencèrent à prononcer leurs vœux. La première déclara :

« Petite princesse Aurélie, tu seras belle comme le jour. »

Et une petite voix ajouta :

« Avec aussi beaucoup d'humour ! »

Les trois grandes fées se regardèrent. Qui avait osé ainsi changer le premier vœu ? Dans son berceau, la princesse Aurélie rayonnait et riait aux éclats.

« Continuons, dit alors la deuxième fée. Tu chanteras d'une douce voix de jolies mélodies… »

Et une petite voix ajouta :

« Sur des rythmes endiablés avec un petit grain de folie ! Hihi !

— **Cette fois-ci, c'en est trop**, s'exclama la troisième fée. Il faut absolument tempérer le caractère de cette enfant ! Elle risque d'être insupportable et aucun prince ne voudra l'épouser ! »

Aussitôt, des soupirs firent bouger les plis du berceau, mais les trois grandes fées étaient trop concentrées pour s'en apercevoir…

« **J'ai une idée !** s'exclama la dernière fée. Voici mon troisième vœu : un bon prince tu trouveras. » Et là une voix agacée s'écria : « Mais c'est toi qui le choisiras car une princesse libre toujours tu seras ! »

Les trois grandes fées étaient décontenancées ! Elles soulevèrent les plis du berceau, mais les petites fées étaient déjà parties…

On annonçait, non loin de là, la naissance d'un prince. Pour rien au monde, elles ne voulaient manquer ça ! Un, deux, trois vœux ! Un prince charmant sur un cheval blanc ? Non ! **Ce prince-là ne ressemblerait pas aux princes des contes de fées… Mais il aurait d'autres qualités !**

L'histoire ne dit pas si ce prince et cette princesse un jour se marieront… Mais peu importe ! Leur vie sera faite de rires et de jolies surprises !

Le Secret de la princesse

Dans notre classe, il y a une nouvelle élève, Suzanne. Elle est arrivée le jour de la rentrée et s'est assise à côté de moi. Depuis, nous sommes devenues copines. **Mais, il faut bien l'avouer, Suzanne est un peu bizarre.** Elle est super gentille, mais bizarre... J'ai l'impression qu'elle est allergique au mot « princesse ». Par exemple, à la récré, lorsque nous voulons jouer à « la princesse et au chevalier », elle s'écrie aussitôt : « Oh non ! C'est un jeu démodé. Jouons à autre chose ! »

Quand elle est venue passer un après-midi chez moi, elle est arrivée toute seule, sans ses parents. Et au moment de se déguiser, elle a rétorqué : **« Les robes de princesses, c'est pour les bébés ! »**

Je ne savais pas qu'on pouvait être allergique à un mot. Je me demande aussi pourquoi elle ne voit jamais ses parents : elle est toujours la première arrivée à l'école et toujours la dernière à rester le soir. Je pense qu'elle doit avoir honte d'eux...

Aujourd'hui, je décide de l'espionner, pour percer son secret. Je reste dans la cour de récré, bien cachée derrière le tronc du marronnier, sans bouger. J'attends longtemps... très longtemps... Cela me gratte le bout du nez, j'ai envie d'éternuer... mais je me retiens.

Enfin, une grosse voiture apparaît et se gare devant la grille. Suzanne s'engouffre à l'intérieur. Je n'ai pas le temps de voir les passagers... Mais ce qui est sûr, c'est que cette berline est la plus jolie que j'ai jamais vue. **Suzanne en a de la chance !**

Le lendemain, je veux poursuivre mon enquête. J'arrive donc à l'école plus tôt que d'ordinaire. Après quelques minutes d'attente, la superbe voiture dépose mon amie.

Une jolie femme en sort, vêtue d'une splendide robe et... d'une couronne dorée posée sur sa longue chevelure. Ce n'est pas possible, je rêve !

« Bonne journée ma chérie, dit-elle d'une voie mélodieuse.

– Maman, je ne veux pas qu'on te voie, rentre vite, s'il te plaît, supplie Suzanne. »

C'est alors qu'elle voit ma tête qui dépasse. Je pensais pourtant avoir été discrète... C'est raté ! **La voiture s'éloigne et je découvre Suzanne en larmes.**

« Pourquoi pleures-tu ?

– Maintenant que tu as tout découvert, tu ne voudras plus être mon amie, et je vais devoir encore changer d'école.

– Mais pourquoi ? Si j'ai bien compris, tu es une princesse. C'est super !

– Oh non, les autres filles ont toujours été très dures avec moi quand elles ont su la vérité. »

Je lui promets que son secret sera très bien gardé, et que cela ne changera rien à notre amitié. Bien au contraire… Être l'amie d'une princesse, c'est mon rêve qui se réalise !

La Fiancée du chevalier

Paul et Magdeleine naquirent le même jour, dans un petit hameau de l'Eure. Dès l'enfance, ils comprirent qu'ils étaient amoureux l'un de l'autre et que cela durerait toujours. Alors une fois grands, ils ne parlaient à longueur de journée que de leur mariage à venir et de la famille qu'ils allaient fonder.

Un soir toutefois, alors qu'ils revenaient des champs, Paul et Magdeleine aperçurent une foule réunie sur la grand-place. Un homme à cheval prit la parole : **« Le pays est en guerre ! Tous ceux qui combattront pour sa défense se verront offrir de l'argent et des terres ! »**
Paul s'adressa aussitôt à Magdeleine : « Je vais y aller ! Et quand je rentrerai, je t'offrirai une maison dans laquelle nous vivrons heureux avec nos enfants. »

Magdeleine eut beau supplier son fiancé de rester, il ne changea pas d'avis. La veille du départ, Paul fit promettre à Magdeleine de ne pas l'attendre plus de trois ans. Si, au bout de ces trois années, il n'était pas de retour, elle devrait en épouser un autre… La jeune fille regarda son bien-aimé s'éloigner, accompagné de son frère Joseph qui avait promis de le protéger.

Le temps passa lentement. Magdeleine comptait les jours, les semaines, les années… Elle avait beaucoup maigri et son teint était très pâle. **Trois ans venaient de s'écouler quand un homme à l'air épuisé approcha du hameau.** Un instant, Magdeleine crut reconnaître son Paul, mais il s'agissait de Joseph :
« Donne-moi vite des nouvelles de ton frère ! s'écria la jeune femme.
— Il a été gravement blessé, répondit Joseph. Il n'a pas survécu… »

Sans un mot, Magdeleine rentra chez elle. Elle planta une croix sur la colline où elle avait l'habitude de se promener avec Paul. Chaque jour qui suivit, elle resta des heures au pied de la croix, en pensant à son bien-aimé.
Trois nouvelles années passèrent. À son grand désespoir, Magdeleine avait fini par accepter

la demande en mariage du fils du cordonnier.
La veille des noces, alors qu'elle replaçait son manteau sur ses épaules après être restée des heures près de la croix, la jeune femme vit un homme s'approcher d'elle. Effrayée par sa silhouette imposante, elle se mit à crier :
« À l'aide !
— Magdeleine, c'est moi ! Je ne suis pas mort. **Des soldats m'ont soigné et me voilà de retour avec le titre de chevalier.** »
La jeune femme reconnut aussitôt la voix de Paul.
« Oh Paul ! Tu rentres si tard ! Je dois en épouser un autre demain !
— Ne t'inquiète pas, j'ai une idée », lui répondit-il.

Paul et Magdeleine frappèrent aux portes de leurs amis. Pendant la nuit entière, tous se mirent à bâtir une chapelle à l'endroit de la croix que Magdeleine avait plantée. Dès la première heure du jour, le prêtre les unit pour la vie. Magdeleine et Paul ne se quittèrent plus jamais. Ils fondèrent une famille et vécurent toute leur vie sur les terres que le chevalier avait si difficilement gagnées.

Une princesse à l'école

Sous ses apparences de jolie blondinette à bouclettes, la princesse Adélaïde était en réalité un véritable « dragon » au palais. Du matin au soir, elle terrorisait cuisiniers, couturiers, femmes de chambre, et même la reine et le roi.

Partout où elle allait, elle ordonnait, criait, et, si elle n'obtenait pas immédiatement ce qu'elle désirait, menaçait l'imprudent de finir sa vie dans un cachot au pain et à l'eau. Alors quand on annonça à Adélaïde qu'elle devrait aller à l'école et obéir aux ordres d'un maître, la princesse tapa du pied : **« Jamais je n'irai ! »**

Mais, pour une fois, le roi et la reine ne cédèrent pas. La princesse n'avait plus le choix.
Dès qu'elle arriva dans la cour de récréation, Adélaïde s'approcha d'un groupe d'enfants : **« Donnez-moi toutes vos billes ! Je suis la princesse, vous devez m'obéir ! »**
Les enfants la regardèrent d'un air étonné, puis firent quelques pas pour continuer de jouer un peu plus loin, comme si de rien n'était.

Une fois en classe, Adélaïde s'adressa au maître : « Je veux m'asseoir au premier rang ! **Je suis la princesse, je dois avoir la meilleure place.** »
Le maître la toisa du regard et répondit, avec un sourire qui en disait long : « Je t'ai gardé une place au fond… »
À la cantine, la princesse exigea du foie gras, du homard et une pièce montée. Après quoi, on lui servit une cuisse de poulet, des épinards et un yaourt aromatisé.

De retour au palais, la princesse fondit en larmes dans les bras de la reine :
« Je ne veux plus y retourner, tout le monde me déteste là-bas.
– Peut-être que si tu essayais d'être gentille, tu te ferais des amis ? » tenta la reine.
Des amis ? Adélaïde n'en avait jamais eus. Elle n'en voyait d'ailleurs pas bien l'utilité. Mais, après une telle journée, elle avait bien envie d'essayer.

Le lendemain, la princesse rejoignit un groupe d'enfants et leur offrit à chacun une bille. « Tu veux jouer avec nous ? » lui proposa Elora, une jolie brunette aux yeux noisette.
La princesse s'amusa ainsi jusqu'à l'heure de la sonnerie. En classe, Elora l'invita à s'asseoir près d'elle. Puis, à la cantine, la petite fille lui offrit un peu de sa macédoine et de son fromage blanc.

Quand elle rentra le soir, la reine interrogea Adélaïde :
« Alors, cette journée ?
– Je me suis fait mal aux doigts en jouant aux billes, j'ai dû rester assise sur ma chaise pendant des heures sans bouger et j'ai mangé le pire des repas de toute ma vie !
– Alors, pourquoi souris-tu ainsi ?
– Parce qu'aujourd'hui, je me suis fait une amie, et c'est le plus beau jour de ma vie. »

Le Roi grenouille

Il était une fois, au château des Nénuphars, un roi, une reine et leurs trois filles chéries. Ce jour-là, la plus jeune fêtait son anniversaire et reçut une belle balle en or. Ravie de son cadeau, elle sortit s'amuser dans le parc du château. Hélas, la balle rebondit sur le rebord du bassin et plouf ! coula à pic dans l'eau. La princesse éclata en sanglots. « Ma balle en or ! Qui me la rendra ? »

À ces mots, **une grenouille enchantée surgit de sous un nénuphar.**

« Moi, jeune princesse ! En échange, je souhaite partager ton déjeuner... et un baiser. »

La jeune fille accepta, et la grenouille plongea chercher la balle. Mais quand elle la rendit à la princesse, cette dernière cria seulement : « Merci ! » avant de partir en courant.

À l'heure du déjeuner, la famille royale entendit un drôle de « splash, splash », comme si quelqu'un grimpait l'escalier. Puis on tambourina à la porte... Une voix coassa : « Princesse, la plus jeune des trois, ouvre-moi ! »

Le roi exigea des explications, et quand sa fille lui eut tout raconté, il ordonna qu'elle remplît sa promesse, permettant à la grenouille d'entrer partager leur repas. Ensuite, la grenouille réclama son baiser mais la princesse, dégoûtée, hésita.

« Tu as retrouvé ta balle, respecte ta part du marché », insista le roi.

Alors, tremblant de la tête aux pieds, la jeune fille posa les lèvres sur le front de la grenouille… **qui se transforma en un jeune prince** !
« Merci, princesse, dit-il. Ton baiser m'a sauvé d'un mauvais sort de la sorcière. Permets-moi de t'embrasser en retour ! »
Ce que la princesse accepta cette fois sans hésiter…

Parti en fumée

Caradox avait toujours rêvé de devenir enchanteur. Il avait pris des cours auprès des enchanteurs les plus réputés du pays, avait lu des centaines de livres sur le sujet et testé des baguettes magiques du monde entier. Pourtant, Caradox avait encore bien du mal à réussir les tours qu'il tentait. Ah, quand il s'agissait de cacher une carte dans sa manche ou une pièce derrière une oreille, il était là ! Mais s'il fallait arrêter le temps ou déjouer le sort d'une sorcière, il ne fallait pas compter sur lui !

Caradox manqua donc de s'étrangler quand il ouvrit le carton d'invitation qui le conviait au huitième anniversaire de la princesse Stéphy. On avait vanté au roi ses talents hors du commun et **toute la famille royale se réjouissait à l'idée de le rencontrer**. Il y avait erreur sur la personne, c'était certain, mais une invitation du palais ne pouvait pas se refuser. Caradox enfila donc son plus beau manteau et attrapa une baguette en bois d'ébène, sa préférée.

Dans le jardin du palais, tout le monde l'attendait. La princesse Stéphy le présenta sans tarder : « Regardez, mes amies ! **Voici Caradox, le plus grand enchanteur du pays !** »
Tout le monde l'applaudit, et Caradox rougit.
La princesse reprit : « Caradox, faites-moi apparaître un bouquet de fleurs multicolores ! »
Caradox se tordit les mains.
« Et si nous partions plutôt sur un tour de cartes ? Choisissez une couleur et…
— J'ai dit : des fleurs ! gronda la princesse.
— Très bien… »
Caradox ôta son chapeau et le posa sur une table. Il attrapa sa baguette et prononça d'une voix fluette : « Abracadabri, abracadabra, qu'un bouquet sorte de ce chapeau, illico presto ! »
Toutes les petites princesses se penchèrent pour mieux voir s'échapper… un nuage de fumée.
« C'est tout ? demanda Stéphy. Essayez avec un carrosse ! Une licorne ! Un lutin !
— Abracadabri, abracadabra ! »

Une petite fumée s'échappa de nouveau, mais rien d'autre ne sortit du chapeau.
La princesse tapa du pied. « Papa, cet enchanteur est un nigaud ! S'il ne réussit pas le prochain tour, je veux qu'on l'enferme dans un cachot ! »
Une petite princesse nommée Salomé s'approcha alors de Caradox. « Concentrez-vous, vous pouvez y arriver. »
Caradox agita sa baguette, mais sans succès…
« Qu'on l'emprisonne ! » s'écria le roi.
Salomé leva alors la tête et s'écria : « Il a réussi ! Regardez ! »

Dans le ciel, s'élevaient des nuages en forme de fleurs, de carrosses, de licornes et de lutins ! « Quelle merveille ! » s'écrièrent les petites princesses en chœur.
Après cette journée, toutes les princesses du pays invitèrent Caradox à leurs anniversaires. Mais le magicien s'abstint bien d'accepter ! Enchanteur n'était pas un métier pour lui.

Cependant, depuis, on raconte que la reine aime retrouver Caradox pour admirer, au-dessus du palais, des chatons, des fées, des dragons… Il paraîtrait même que Caradox pourrait bien changer sa baguette magique pour un sceptre royal, mais ceci est encore un secret !

Le Roi Grosse Tête

Comme l'indique si bien son nom, le roi Grosse Tête a une énorme tête. Dès sa naissance, alors qu'elle avait déjà la taille d'un melon, on a dû écarter les barreaux de son berceau. Plus tard, quand elle est devenue aussi grosse qu'une pastèque, on a fait fondre les couronnes de son père, de son grand-père et même de son arrière-grand-père pour en façonner une qui lui aille. Mais plus le temps passe, plus le roi en a par-dessus la tête de son énorme tête ! Depuis quelque temps, elle est devenue si grosse que le pauvre souverain s'envole ! Il ne marche plus, il bondit, et chaque jour un peu plus haut…

Le roi fait venir tous les mages et sorciers du royaume pour l'aider, puis les ministres et les chevaliers, et enfin les paysans et les domestiques. Mais en vain.
Il se plaint à son premier ministre, qui lui conseille de consulter Têtecreuse, le garçon d'écurie.
Têtecreuse n'est pas très intelligent, mais il a une grande qualité : il dit toujours ce qu'il pense. Il observe le roi, puis annonce : « Sire, pour avoir une tête si grosse et

si légère, vous devez être bien bête… Votre tête est vide, Majesté ! »

Le roi entre dans une rage folle. **Il aurait une tête vide ? Quelle idiotie !** Et pourtant… Si ce garçon d'écurie avait raison ? Le roi étudie alors pendant des jours et des jours. Et plus il apprend, moins il s'envole ! Il lit des milliers de livres sur les sciences, l'histoire et la géographie. La tête du roi pèse de plus en plus lourd, si bien que, bientôt, il doit rester allongé toute la journée.

Grosse Tête se décide alors à rappeler le garçon d'écurie.
« Tu as raison, Têtecreuse, lui dit-il, ma tête était vide. Mais maintenant qu'elle est trop pleine, je ne peux plus la porter !
— Sire, avant, vous aviez juste une grosse tête, alors que maintenant, vous avez **LA grosse tête…** »
Le roi aurait pris la grosse tête ? Quelle idiotie ! Et pourtant… S'il avait encore raison ? Pour perdre sa grosse tête, le roi devrait trouver quelqu'un de plus intelligent que lui.
Il fait alors appeler les mages et sorciers, les ministres et les chevaliers, puis les paysans et les valets. Et à chacun, il demande :
« Penses-tu être plus intelligent que moi ?
— Non, Sire ! répondent-ils tous. Sa Majesté est le plus intelligent d'entre nous ! »

Et à chacune de ces flatteries, la tête du roi devient plus lourde, car le roi est de plus en plus certain d'être le plus malin.

Il se décide finalement à rappeler Têtecreuse.
« Têtecreuse, penses-tu être plus intelligent que moi ? lui demande-t-il.
— **Sire, si je trouve des solutions à tous vos problèmes, c'est que je suis certainement plus intelligent que vous !** »
Aussitôt, la tête du roi se met à dégonfler ! Le roi se sent beaucoup plus léger ! Il saute de son lit : « Merci, Têtecreuse ! Tu as raison, le plus intelligent du royaume, c'est toi ! »

Têtecreuse est ravi. Jamais on ne lui a fait pareil compliment ! Il se sent soudain très fier de lui. Tellement fier que sa tête se met à grossir, grossir, si bien qu'en quittant le palais, Têtecreuse ne marche plus, il bondit !

Le Prince pas pressé

Le prince Moudugenou est né dans un royaume où les heures passent plus vite que les minutes, et les minutes plus vite que les secondes. **Tout le monde est toujours pressé, tout le monde court.**

Le roi, son père, court pour visiter ses sujets, court pour remplir des centaines de dossiers et, le soir, court encore pour déposer sur la joue de son fils endormi un très rapide baiser.

La reine, sa mère, court pour essayer des robes à froufrous, court pour faire à ses amies des petits coucous et, le soir, court encore pour déposer sur l'autre joue de son fils endormi un rapide bisou.

Seul le prince Moudugenou ne court jamais. Bien au contraire : depuis tout petit, il fait tout au ralenti. Le matin, il met une heure à se lever, deux heures à avaler son petit déjeuner, et trois heures à s'habiller…

Pour pousser le prince à se dépêcher, le roi et la reine ont placé des minuteurs dans toutes les pièces du palais. Ils lui ont fait avaler des centaines de cachets vitaminés. **Ils lui ont même fait porter des bottes de sept lieues pour le faire avancer !**
Mais rien n'y fait. Et cela rend le prince bien malheureux…

Un soir, alors que tout le château est endormi, Moudugenou sort doucement de son lit et, sans même prendre le temps de se changer (ce qui durerait une éternité), quitte en cachette le palais.

Il déambule toute la nuit. Le lendemain, il croise un vieux jardinier : « **Qui va là, l'ami ?** demande le vieil homme. Venez avec moi, je vais vous donner de quoi vous habiller et un peu à manger. Vous avez l'air si fatigué ! »

Moudugenou passe la journée dans une petite cabane, en compagnie d'Églantine, la fille du jardinier.

Bien sûr, il ne dévoile rien de son identité ! Alors, quand le jardinier lui demande s'il a un endroit où aller, Moudugenou répond qu'il n'a ni famille ni ami et qu'**il aimerait bien rester ici**.

Avec le temps, le prince devient un excellent jardinier ! Et plus la nature prend son temps, plus il gagne en rapidité !

Moudugenou et Églantine sont tombés amoureux et vivent très heureux. Mais quand le vieux jardinier meurt, la jeune femme ne cesse de pleurer. **Moudugenou réalise alors à quel point sa propre famille lui manque.** Il est temps de révéler la vérité : « Tu as encore une famille ! annonce-t-il à Églantine. Je suis sa Majesté le prince Moudugenou. Mes parents t'aimeront comme leur propre fille ! »
Les deux amoureux se rendent ensemble au château. Lorsque la reine aperçoit son fils, elle pousse un cri : « Mon enfant ! Ne pars plus, je t'en prie ! Nous t'avons toujours aimé tel que tu étais… »

Églantine et Moudugenou acceptent de rester et se marient. Au palais, plus personne ne court, plus personne n'est pressé, car on prend le temps de s'aimer.
Jusqu'au jour où **le prince et la princesse ont un bébé : une petite fille nommée Castagnette**. Très vite, elle apparaît comme une véritable tornade dans ce palais bien apaisé. Elle court, galope, cavale, sans jamais s'arrêter...
Mais ça, c'est une autre histoire !

Trismus sans rire

Un vieux magicien nommé Trismus vivait dans une tour en ruines au milieu de la forêt. C'était un petit homme méchant qui avait passé sa vie à détester tout le monde. Ce qu'il haïssait le plus était d'entendre quelqu'un s'amuser et rire. Il voulait que les gens soient tristes ! Et, pire encore que cela, **ce méchant magicien rêvait de devenir le nouveau seigneur du royaume**.
Après de longues recherches dans ses grimoires, il accumula une multitude de mauvais sorts pour répandre le malheur. Il commença par faire mourir toutes les plantes de tous les champs. Il devint alors impossible de faire la moindre récolte. Et bientôt, la nourriture vint à manquer.
Trismus découvrit aussi un Sortilège de Cauchemar, qu'il lançait chaque nuit dans les songes des enfants endormis. Et le magicien se rendit compte que plus il faisait le mal, plus son pouvoir grandissait.

Au bout de quelques mois, les habitants du royaume, si malheureux, avaient totalement cessé de rire. Trismus était tellement puissant que personne ne pouvait se dresser contre lui !

Alors, il décida qu'une grande cérémonie serait donnée au palais pour informer le peuple qu'il prenait officiellement la place du roi.
Ainsi, le jour du couronnement venu, **Trismus mit sa plus longue et plus noire robe de magicien**. Lorsqu'il entra dans la grande salle du trône, les villageois, contraints par magie d'être présents pour l'événement, ne dirent pas un mot. Le roi se leva et, bien malgré lui, tendit sa couronne au magicien. Ce dernier la prit sans ménagement et se retourna, face à la foule, levant les bras en signe de victoire.

Mais, ce faisant, il s'emmêla les jambes dans les pans de sa robe trop longue et tomba, tête la première, sans même avoir le temps d'amortir sa chute.
Dans l'assistance, quelqu'un pouffa discrètement. Trismus se releva très en colère et cria, menaçant : « Attenfion ! Pas de rire, finon ve vais vous veter un fort ! »
Il avait du mal à parler car il s'était cassé toutes les dents de devant en tombant !
Alors, malgré leur peur d'être la cible d'un mauvais sortilège, les villageois ne purent se retenir d'éclater de rire. Il y eut, en un instant, tellement de joie dans la salle que le magicien perdit immédiatement tout son pouvoir.
Les gardes royaux en profitèrent pour l'arrêter et l'enfermer dans le plus sombre des cachots du palais…
Jamais Trismus ne retrouva sa puissance. En effet, le roi décréta que fût instaurée une fête permanente. Ainsi, pendant des siècles et des siècles, les rires des habitants résonnèrent partout dans le royaume !

Merlin l'enchanteur

Merlin était né en Bretagne. Depuis son plus jeune âge, il possédait des dons particuliers. Il savait lire dans les pensées et pouvait se métamorphoser pour revêtir les apparences les plus diverses. À la mort d'Uther Pendragon, le souverain du royaume, les barons demandèrent à Merlin de désigner celui qui devait succéder au roi.

Au milieu de la place du village était apparue une grande pierre taillée, qui devait permettre de prendre cette grande décision.

À son sommet, une épée magnifique était enfoncée dans la roche, et il était écrit : **« Celui qui retirera cette épée sera le roi ! »**

Tous les barons présents essayèrent. Mais, bien que soufflant et faisant des efforts surhumains, ils ne réussirent pas à bouger l'épée d'un millimètre. Alors, Merlin s'approcha d'Arthur, un jeune adolescent qui devait bientôt être nom-

mé chevalier de la Table Ronde. Merlin lui demanda d'aller chercher son épée chez lui. Le jeune homme y courut mais ne trouva point d'épée. Contrarié, il regardait autour de lui, partout dans le village, mais aucune épée en vue… sauf celle de la place, maintenant déserte, toujours enfoncée dans le rocher.

Il saisit l'épée d'une main et la retira sans effort. Aussitôt, le rocher disparut et le peuple acclama son nouveau roi !

Quelque temps après, Merlin se promenait en forêt de Brocéliande. Il aperçut une toute jeune fille qui se baignait dans une fontaine claire et pure. **Elle était si belle que Merlin, pour la séduire, décida de lui enseigner quelques enchantements.** La belle Viviane lui promit : « Je vous aimerai si vous m'apprenez quelque autre enchantement. » Il fit apparaître aussitôt au milieu de la forêt un château, de belles dames et des chevaliers qui se mirent à danser avec grâce.

Après quelques instants, tout disparut dans les eaux limpides. Viviane ajouta d'un ton enjôleur : « Comment pourrais-je retenir un homme sans avoir besoin de cachot, de murs et de chaînes, de telle sorte qu'il reste à jamais mon captif ? »

Merlin était si charmé par la jeune fille qu'il lui enseigna tous les enchantements qu'il connaissait. Elle l'enferma alors dans un cachot de brume, à jamais.

La Princesse qui collectionnait les babouches

Alors que certaines princesses collectionnent les bijoux, d'autres les porcelaines, et d'autres encore les parfums, Asma, une jolie princesse marocaine, conservait dans son palais des babouches par centaines. Elle en avait qui venaient de tout le royaume, et même d'au-delà ! Des blanches, des rouges, des dorées, des unies, des à dentelle et des à pois, toutes plus confortables et moelleuses les unes que les autres.

Son père, le sultan, en avait assez de voir les pièces de son palais ainsi envahies par la passion de sa fille :

« Tu ferais mieux de te marier, au lieu de collectionner des paires de chaussures qui ne servent à rien ! »

Mais Asma était une forte tête. Elle ne voulait pas se marier, elle voulait rester au palais et admirer ses babouches jusqu'à la fin de sa vie. Si bien qu'un jour, le sultan déclara : « Demain, je ferai disparaître toutes tes babouches d'ici. Il n'en restera plus une, puis tu te marieras ! »

Asma courut s'enfermer dans sa chambre. Elle n'en ressortit qu'au milieu de la nuit. Sans un bruit, elle glissa ses babouches dans de grands sacs et les accrocha au dos des chameaux royaux. **Elle quitta ensuite le palais, à la tête de cette caravane improvisée.**

Elle avança ainsi jusqu'au désert. Quand le soleil se leva, il se mit à lui brûler la peau. Elle avait si soif ! La princesse croisa alors un jeune homme et lui demanda à boire.

En échange, elle lui offrit une paire de babouches. Le jeune homme était heureux. Jamais ses pieds ne s'étaient sentis aussi bien !
Un peu plus loin, Asma rencontra une famille. Comme elle avait faim, elle leur échangea des dattes contre une paire de babouches chacun. La famille repartit en courant, heureuse de cette aubaine.
Le soir, Asma se reposait près d'une oasis, quand un groupe de voleurs approcha. Ils étaient plusieurs centaines ! La princesse entendit leur chef donner ses ordres :
« Demain, nous attaquerons le palais ! »
Asma frémit. Son père était en danger ! Il lui vint alors une idée. Elle s'approcha du chef et lui proposa ce marché : « Si tu fais tout de suite demi-tour et que tu n'attaques pas le palais, **je t'offre toutes mes babouches ! »**
Le chef des voleurs en essaya une paire. Il était si bien dedans, qu'il accepta sans hésiter !

La princesse, dépouillée, se dit qu'il était temps de rentrer au palais. Là, son père l'accueillit avec joie :
« Asma, ma chérie, tu peux garder tes babouches, mais je t'en prie, ne t'enfuis plus d'ici.
– Non, répondit la princesse. Tu avais raison, les babouches, ça ne sert à rien.
– Alors… Tu vas te marier ?
– Non, je vais collectionner les djellabas. Bonne nuit, papa. »
Le sultan regarda sa fille s'éloigner : **« Qu'ai-je donc fait au ciel pour mériter une fille pareille ? Il faut bien que je l'aime… »**

Les Cheveux d'or du diable

Il était une fois une pauvre paysanne qui mit au monde un fils. Comme il était né coiffé, on lui prédit qu'il épouserait la fille du roi. De rage, celui-ci essaya alors de noyer le nourrisson. Mais le bébé fut sauvé des eaux par un meunier, qui l'éleva ensuite comme son propre enfant. Or, quelques années plus tard, **le roi passa par hasard au moulin**. Comprenant avec horreur qui était le fils du meunier, il le pria : « Pourrais-tu porter cette lettre à la reine ? » Dans sa missive, le roi pressait la reine de tuer le jeune messager. Peu méfiant, le garçon s'acquitta donc de sa mission. Mais en chemin, des voleurs profitèrent de la nuit pour s'emparer de la lettre. Découvrant quel sort attendait le jeune homme, ils remplacèrent le message par un nouvel ordre : celui de le marier à la princesse. Et voici comment la prédiction de l'enfant coiffé se réalisa !

Dès son retour, le roi voulut se venger. « Rapporte-moi de l'enfer trois cheveux d'or du diable », ordonna-t-il. Et le jeune homme se mit en route. À la porte de la première ville, la sentinelle lui demanda : « Pourquoi la fontaine à vin s'est-elle asséchée ? » À la porte de la deuxième ville, un garde demanda : « Pourquoi le pommier d'or ne donne-t-il plus de fruits ? » À la rivière, le passeur demanda :

Vente d'âme au diable
Pacte avec le Diable

« Pourquoi personne ne veut me remplacer ?
— Faites-moi d'abord traverser », répondit le jeune homme qui trouva la bouche de l'enfer sur l'autre berge.

« Il me faut trois cheveux d'or du diable », dit-il à la femme qui l'accueillit.
Acceptant de l'aider, elle le changea en fourmi et le cacha dans les plis de sa robe. Il dit : « Je dois aussi découvrir trois choses. » Et il lui répéta les énigmes du passeur, du garde et de la sentinelle. Peu après, le diable arriva, posa la tête sur les genoux de la femme et s'endormit. Vite, elle lui arracha trois cheveux en lui posant les questions du jeune homme. Le diable ensommeillé lui fournit les trois réponses, et la femme rendit alors son apparence au jeune homme. Elle lui tendit les trois cheveux, puis **il quitta l'enfer** pour rentrer chez lui. En route, il dit au passeur : « Remets ta rame au prochain voyageur. » Au garde : « Une souris ronge les racines du pommier d'or. » Et enfin à la sentinelle : « Un crapaud bouche la fontaine à vin. » En remerciement, le jeune homme reçut quatre ânes chargés d'or.

De retour au château, il remit au roi les trois cheveux du diable. Mais le souverain, cupide, voulut savoir où le jeune homme avait trouvé autant d'or. « Sur la berge, de l'autre côté de la rivière », mentit le garçon. Comme il s'en doutait, le roi courut franchir le gué. Le passeur lui remit alors sa rame, le roi devint passeur à son tour, et il l'est encore, car personne ne l'a remplacé !

La Princesse du pont des soupirs

Callista venait d'atteindre l'âge de se marier. Comme toutes les princesses italiennes de sa famille, son époux avait été choisi pour elle dès sa naissance. Il se nommait Sergio. Il n'était ni vraiment beau, ni vraiment intelligent, mais Callista s'était tellement faite à l'idée de ce mariage, qu'elle avait fini par accepter son futur prince comme il était.

Quelques jours avant les noces, la mère de Callista entra dans sa chambre : « Avant de te marier, tu as le droit à un dernier vœu. **Tout ce que tu souhaiteras sera exaucé.** » Callista, qui connaissait cette coutume, savait depuis longtemps ce qu'elle demanderait : « **Je veux aller à Venise !** s'écria-t-elle. Je rêve depuis toujours de naviguer à bord d'une gondole dans les dédales des rues de cette ville si extraordinaire. »

Dès le lendemain, Callista quitta le palais pour se rendre à Venise. Une fois sur place, elle héla un gondolier et grimpa à bord du petit bateau. « *Benvenuto signorina*, la salua le gondolier. Je m'appelle Enzio. »
Le jeune homme avait des yeux d'un bleu si profond, que Callista avait du mal à soutenir son regard.
« Je voudrais tout voir en une journée ! déclara la princesse.
– Mademoiselle est pressée, constata Enzio. Je vais faire de mon mieux. »
Le gondolier se mit à chanter une douce ballade et commença la visite. À chaque monument, Callista s'émerveillait un peu plus : le palais des Doge, la place Saint-Marc, le pont des soupirs… « Les amoureux ont l'habitude de s'embrasser sous ce pont, expliqua Enzio. Avez-vous un amoureux ? »
Callista allait répondre, mais alors qu'elle ouvrait les lèvres, aucun son ne sortit. Elle avait envie de répondre que non, son cœur n'était pas pris…

« Excusez-moi d'avoir été indiscret, se reprit le gondolier, sentant la gêne de la jeune femme. »

À la fin de la journée, Callista demanda à Enzio de s'arrêter : « Je dois rentrer… »
Il lui prit la main pour l'aider à descendre. Tous deux ressentirent alors un frisson parcourir leur corps.
« *Arrivederci signorina* », dit Enzio, le cœur serré.

De retour au palais, Callista avait perdu son sourire. Elle se mariait le lendemain…

Le jour du mariage était arrivé. Callista s'avança vers l'autel, au bras de son père. Le prince Sergio l'attendait. Toute la ville était réunie pour cette noce si attendue. L'orgue se mit à jouer une ballade… Cette musique… C'était celle que fredonnait Enzio ! **Callista sentit son cœur battre la chamade** : « Je suis désolée, au revoir, au revoir tout le monde ! »
Elle jeta son bouquet et sortit de l'église en courant.

Après un long trajet, elle retrouva Enzio, seul, dans sa gondole. Elle sauta à l'intérieur : « J'aimerais poursuivre la visite… » lui dit-elle.

Callista navigua ainsi pendant plusieurs jours. Quand ils repassèrent sous le pont des soupirs, Enzio prit la main de la princesse :

« Voulez-vous m'épouser ? »

Callista ne répondit pas. Elle posa doucement ses lèvres sur celles d'Enzio, et les deux amoureux ne se quittèrent plus.

Le Briquet

Un jeune soldat revenant de guerre rencontra une sorcière qui lui proposa de devenir riche.
« Grimpe à cet arbre creux, dit la vieille femme, et laisse-toi glisser jusqu'au fond. Je t'attacherai à une corde et te remonterai quand tu appelleras. Arrivé en bas, tu verras au bout d'un long corridor trois portes, puis trois chiens féroces assis chacun sur un coffre. Parle-leur gentiment, et ces chiens ne te feront aucun mal. **Tu pourras alors prendre tout l'argent que tu voudras ! En échange, rapporte-moi le briquet que ma grand-mère a oublié en bas.** »

Le soldat obéit et trouva au bout du long corridor les trois chiens. Il leur parla avec douceur et put accéder aux trésors des trois coffres pleins, l'un de pièces de cuivre, l'autre de pièces d'argent et le troisième de pièces d'or ! Il en remplit ses poches, trouva le briquet et demanda à la sorcière de le remonter. Elle le hissa jusqu'en haut, mais quand le soldat lui demanda ce qu'elle allait faire de son briquet, elle refusa si obstinément de répondre qu'il lui coupa la tête avec son sabre.

Puis il marcha vers la ville. Là, il apprit que la fille du roi, qui était d'une grande beauté, vivait dans un château. Comme on avait prédit qu'elle épouserait un simple soldat, ce que refusait le roi, ce dernier la faisait garder derrière de hautes

murailles. Le jeune soldat dépensait tant son argent qu'il se retrouva bientôt sans un sou, et dut habiter une chambrette. Un soir, ne pouvant même plus payer une chandelle, il se souvint du briquet et battit son silex.

L'étincelle jaillit, un des chiens apparut et demanda :

« Qu'ordonne mon maître ?

— Apporte-moi de l'argent », dit le soldat.

Et le chien revint avec une bourse pleine d'or et d'argent. Le soldat comprit le pouvoir magique du briquet ! Il s'acheta de beaux habits, et refit jaillir une étincelle du briquet. Le second chien apparut. « Je veux voir la belle princesse », exigea le soldat. En un clin d'œil, le chien revint, portant la princesse sur son dos. **Le beau soldat richement vêtu lui donna un baiser.** Puis, la nuit avancée, le chien courut ramener la princesse au château. Ainsi, plusieurs soirs de suite, elle retrouva le soldat. Mais le roi découvrit ces absences, fit rechercher le jeune homme et le condamna à être pendu.

Une potence fut dressée sur la place, au milieu de la foule. Le jeune homme y monta, et le roi lui accorda la grâce de fumer une dernière pipe. De son briquet, le soldat fit jaillir une étincelle, et ordonna aux trois chiens qui surgirent : « **Empêchez qu'on me pende !** » D'un bond, les chiens sautèrent sur les juges, délivrèrent le soldat, et la foule s'écria : « Petit soldat, tu seras notre roi ! »

Le père de la princesse, convaincu par la clameur de la foule et par le pouvoir magique du jeune homme, consentit au mariage. C'est ainsi que le beau soldat retrouva la princesse dans son château pour l'épouser.

La Princesse Olga et le poisson doré

« Que veux-tu encore ? » demanda la marraine-fée à la princesse Olga.

Cela faisait cent fois que la capricieuse princesse russe l'appelait pour l'implorer de faire apparaître un bijou, une robe ou des souliers.

« **J'en ai assez de ce froid glacial**. Je veux du soleil ! déclara Olga.

– Ah ça, c'est un souhait que je ne peux pas réaliser. Je suis désolée.

– Tu ne sers donc à rien ! gronda la princesse. Va-t'en, je n'ai plus besoin de toi ! »

Fâchée, la fée disparut sans un mot.

La princesse décida d'aller sur le lac gelé pour patiner. Sa marraine finirait sûrement par revenir. De toute façon, elle était la princesse, elle devait lui obéir !

Après quelques tours de lac, Olga aperçut **un étrange poisson doré** se débattre sous la glace. Intriguée, elle s'approcha. Le poisson se mit alors à lui parler :
« Si tu me délivres, je pourrais exaucer trois de tes souhaits. »
« Voilà de quoi remplacer temporairement ma marraine », pensa Olga. Elle frappa donc la glace et le délivra.
« Quel est ton premier souhait ? demanda le poisson.
– Je voudrais que le soleil réchauffe le sol de Russie, je ne supporte plus ce froid ! »
Aussitôt dit, aussitôt fait ! En un instant, la température monta de plusieurs degrés.

La princesse commença à se dévêtir quand, plouf, la glace sur laquelle elle se tenait céda sous la chaleur ! Olga se retrouva dans l'eau, à battre des pieds. **« Au secours, au secours**, je ne sais pas nager ! Poisson, fais vite venir quelqu'un pour me sauver ! »
Aussitôt dit, aussitôt fait ! Un beau jeune homme monté sur une barque attrapa le bras de la princesse. Elle ne l'avait pas encore entendu parler, qu'**Olga était déjà tombée sous son charme**.
« Poisson, demanda-t-elle alors, je veux épouser ce garçon.
– Ce jeune homme est un pauvre pêcheur et il est muet. Si tel est ton souhait… »
Aussitôt dit, aussitôt fait ! Olga se retrouva avec un voile, la bague au doigt.

« Pauvre et muet ! s'écria la princesse, annule vite ce mariage, je n'en veux pas !
– C'est trop tard, tu n'avais que trois vœux. »
Puis le poisson doré disparut au fond du lac.

Ravalant sa fierté, Olga rappela sa marraine-fée : « Marraine, reviens, je suis la princesse, tu dois m'obéir ! »
La fée apparut sur la rive : « Tu n'es plus une princesse, tu es une femme de pêcheur, désolée Olga… »
Puis, d'un coup de baguette magique, elle disparut à son tour.

Olga se tourna vers son mari, qui lui souriait : « Ne me regarde pas comme ça, rentrons à la maison, le lac recommence à geler, j'ai froid… »
C'est ainsi que la capricieuse princesse Olga épousa un simple pêcheur. Elle finit toutefois par s'excuser de son orgueil auprès de sa marraine. Celle-ci offrit alors une voix au pêcheur, afin d'atténuer le malheur de la princesse. Ce dont elle ne se doutait pas, c'était que le pêcheur deviendrait un fabuleux conteur et qu'Olga passerait finalement des jours heureux à écouter son bel amoureux.

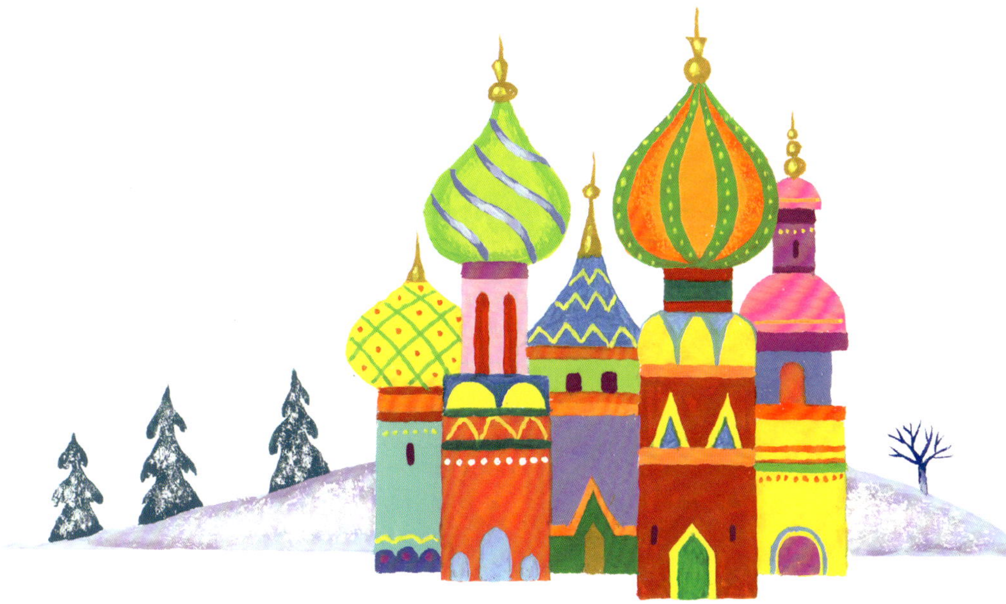

Le Trésor du roi

Ouhlala, ce matin, le roi est de mauvaise humeur ! Il a dû se lever du pied gauche. Quand il est sorti de sa chambre, avec les cheveux en bataille et sa tête des mauvais jours, il n'a pas prononcé un mot, même pas un « bonjour ». Il ne devait pas être bien réveillé ou alors quelque chose le tracassait, car il n'était pas comme d'habitude. Il a même enfilé sa chemise à l'envers, lui qui d'ordinaire est si soigné.
Bizarre… Mais le pire arrive juste après. Alors qu'il s'apprête à se mettre à table pour prendre son petit déjeuner, le roi, toujours muet, se prend les pieds dans le tapis et, comble de malheur, il veut se raccrocher à la nappe pour se rattraper…
Vlouff, bling, en moins de temps qu'il n'en faut pour le dire, la table du petit déjeuner se retrouve par terre et le bol de céréales se renverse sur… la tête du roi !
Aïe aïe, aïe, la journée commence mal !
À huit heures, le roi décide de convoquer son armée ! Il a l'air préoccupé.
« L'heure est grave, annonce-t-il. Un précieux trésor a été

BZZZ
Miel

dérobé cette nuit au château. Nous devons mettre la main sur ces coquins de voleurs ! Qu'on selle les chevaux !
— Avez-vous des indices ? Par où doit-on commencer les recherches ? Quel est le montant du butin ? s'enquièrent aussitôt les chevaliers.
— Une valeur inestimable ! Mais je ne peux vous en dire plus. Ce trésor, j'en fais une affaire personnelle ! D'ailleurs, je vous accompagne, car je suis le seul à pouvoir le retrouver. Vous monterez la garde pendant que je fouillerai moi-même les maisons ! »
Le roi et ses chevaliers sillonnent les villages alentour, mais rentrent bredouilles. **Impossible de mettre la main sur ce trésor !** « Je ne vois qu'une explication à cette disparition, déclare le roi. Le voleur est parmi nous ! Qu'on lève le pont-

levis et qu'on ferme les grilles : personne ne doit sortir du château, ordre du roi ! »
Chambres, cuisines, caves, oubliettes, coins et recoins, le roi inspecte toutes les pièces du château jusqu'aux minuscules trous de souris, en vain. Le trésor est introuvable. Épuisé et la mine défaite, le souverain se retranche dans sa chambre.

L'heure du goûter passe, puis l'heure du dîner. Le roi reste enfermé dans sa chambre. Finalement, on va chercher sa nourrice, Soazig, qui l'a élevé comme son fils. Elle seule sait lui faire entendre raison. Soazig frappe à sa porte et, n'entendant pas de réponse, elle entre.
Assis par terre, le roi répète entre deux sanglots : **« Il est perdu, on me l'a volé. J'en suis sûr. Je ne le retrouverai jamais ! »**
Soazig connaît bien cet air triste. Elle se baisse pour regarder sous le lit, tire les couvertures, puis soulève carrément le matelas. Elle attrape alors un morceau de tissu vert qu'elle tend au roi en souriant.
« Tenez, je crois que je l'ai retrouvé, votre précieux trésor ! lui dit-elle.
— Oh Dragonou, tu es là ! Je t'ai cherché partout ! Comme tu m'as manqué ! Merci, Soazig ! »
Épuisé par cette rude journée, le roi s'allonge et s'endort aussitôt en serrant contre son cœur le plus précieux des trésors : Dragonou, son doudou.

Trois souhaits pour la liberté

Cela faisait déjà plusieurs années que le génie Aboubaki s'était fait enfermer dans une lampe par un démon plus fort que lui. Le démon l'avait caché dans le palais du prince Atim, au milieu des dizaines de cadeaux des princesses du monde entier qui souhaitaient l'épouser. Le génie s'ennuyait dans sa lampe, attendant que le prince remarque un jour sa présence.

Un jour enfin, il sentit un drôle de frottement sur son ventre et il se sentit aspiré vers l'extérieur :

« Enfin ! Je suis le génie de la lampe ! se présenta Aboubaki. Fais trois vœux et je les réaliserai. Et moi, je retrouverai ma liberté. Alors dépêche-toi, je suis pressé. »

Mais le prince Atim répondit :

« Je n'ai besoin de rien. Tu vas devoir rester ici.

— Quoi ? s'offusqua le génie. Je peux t'offrir de l'argent, la santé, l'amour d'une jolie fille !

— J’ai de l’argent à ne plus savoir qu’en faire, je suis en excellente santé, et j’ai plus de demandes en mariages chaque jour qu’aucun prince n’en recevra jamais en toute une vie. »

Le génie vit alors Atim tourner les talons et se diriger vers la salle à manger. Il s’assit à table à côté de lui et tenta de lui proposer du caviar, du foie gras, mais le prince refusait tout sans discuter. Le génie suivit ensuite Atim jusqu’au conseil des ministres, il l’accompagna lors de sa balade quotidienne en chameau, puis joua le soir aux cartes avec lui. **Sans relâche, il lui proposait des palais, des bijoux, la gloire et le pouvoir, mais Atim avait déjà tout ce qu’il désirait.** Pendant des jours et des jours, le génie ne lâcha pas Atim d’une semelle.
Désespéré, Aboubaki se mit à pleurer : « Je ne reverrai jamais ma famille si tu ne veux pas faire de vœux… »

Le cœur d'Atim se serra :
« Je ne savais pas que tu avais une famille... Je suis désolé, je voulais simplement un ami avec qui m'amuser. Alors quand tu es arrivé, je n'ai pas voulu te laisser t'en aller... Mais c'était égoïste, je vais prononcer trois souhaits au hasard et tu repartiras.
— J'ai une idée ! s'écria le génie. Répète après moi ».
Aboubaki se pencha à l'oreille du prince et ce dernier répéta :
« Je souhaite être libre ! »
Aussitôt, le palais disparut pour faire place à une tente et à un chameau.
« Je souhaite avoir des amis ! »
Un instant plus tard, une longue caravane transportant hommes, femmes et enfants se présenta devant les deux amis, c'était toute la famille d'Aboubaki. Le génie murmura de nouveau.
Atim hésita, puis prononça :
« Je souhaite... trouver l'amour ! »
Le génie reprit aussitôt une apparence humaine et une jeune femme de toute beauté le serra dans ses bras et s'écria :
« Papa !
— Ma chérie, je te présente Atim. »
Atim rougit et baisa la main de la belle, sous le regard attendri d'Aboubaki.
« Et bien, conclut le génie, je crois que nous ne sommes pas près de nous séparer ! »
Après ce jour, tous vécurent heureux ensemble au milieu du désert. Et jamais, au grand jamais, ils n'eurent besoin de rien.

La Princesse Raïhata et l'esprit de l'eau

Le village de la princesse Raïhata était situé loin de tout : loin des autres villages, loin des animaux sauvages et, surtout, loin de la rivière. **Tous les jours, les femmes de la tribu, Raïhata y compris, devaient marcher pendant des heures, des jarres sur la tête, pour aller chercher de l'eau.** C'était un travail difficile et épuisant. Vides, les jarres pesaient lourd, mais pleines, leur poids étaient si insupportables que les femmes avaient l'impression de s'enfoncer dans le sol à chaque pas et souffraient d'horribles maux de tête.

Un jour, Raïhata demanda aux autres femmes de rentrer au village et de la laisser seule quelques instants. Elle était fatiguée et avait envie de profiter encore un peu de la fraîcheur de la rivière. C'était son privilège de princesse. Elle plongea les mains dans l'eau, et laissa l'eau couler sur sa peau. **Soudain, Raïhata entendit une petite voix l'appeler :** « Princesse, sors-moi de cette rivière, et ton eau deviendra légère. »
Raïhata aperçut alors un petit esprit prisonnier d'une plante d'eau. Elle plongea la main dans la rivière et en ressortit l'esprit. Elle le posa sur un rocher :
« Rentre au village, et reviens me voir quand tu le souhaiteras… »
Perplexe, Raïhata reprit sa jarre. Elle lui parut tellement légère qu'elle faillit tomber à la renverse en la soulevant !

La princesse rentra au village en courant et raconta son histoire.

Le lendemain, les autres femmes de la tribu essayèrent de trouver l'esprit, mais il avait disparu. « Ce n'est pas juste, maugréaient-elles, Raïhata a tous les privilèges, même celui de ne pas sentir le poids de l'eau ! »

Pour faire taire ces commérages, la princesse proposa aux femmes de porter leur eau. Mais comme elle ne pouvait pas porter toutes les jarres en même temps, elle faisait désormais plusieurs allers-retours dans la journée. En réalité, elle ne faisait plus que cela : aller et venir à la rivière, pendant que les autres femmes se reposaient…

La princesse tenta de rappeler l'esprit. Aussitôt, celui-ci apparut :

« Je voudrais que l'eau me pèse à nouveau, demanda Raïhata. Finalement, j'étais plus tranquille avant.

– Pour cela, expliqua l'esprit, il faudra me refaire prisonnier… » **Raïhata attrapa l'esprit et le plongea dans l'eau.** Mais, prise de remords, elle le replaça sur le rocher. Aussitôt, le petit esprit se changea en un magnifique jeune homme, beau et souriant. « **Une sorcière m'avait jeté un sort**, expliqua-t-il. Il fallait qu'une jeune femme soit, par deux fois, gentille avec moi, pour l'annuler. Rentrons au village, je vais t'aider à porter tes jarres. »

De retour au village, l'esprit, qui se nommait Coudou, construisit des charrettes pour les femmes du village. Il alla ensuite demander à son père, chef de la tribu voisine, un âne. Celui-ci, n'ayant pas vu son fils depuis tant d'années, ne put refuser.

C'est ainsi que **les femmes allèrent désormais chercher de l'eau avec un âne et une charrette**, les délivrant au passage de leurs maux de tête. Quant à la princesse, elle épousa le beau Coudou et ne retourna jamais chercher d'eau à la rivière. Désormais, elle n'y allait que pour s'y rafraîchir, en souvenir de sa rencontre avec Coudou.

Jacques et le haricot magique

Jacques vivait avec sa maman dans une toute petite maison. Il s'occupait de la vache qu'ils possédaient et du jardin, pendant que sa mère travaillait au village. Un matin, la mère de Jacques lui annonça avec tristesse : « Nous n'avons plus de quoi nourrir notre vache, va la vendre au marché et tâche d'en tirer un bon prix. »

Jacques s'en alla donc, menant la vache au bout d'une corde, quand il rencontra en chemin un vieil homme, qui lui dit ceci : « **Je t'achète cette vache contre des graines magiques de haricot.** Grâce à elles, tu ne manqueras plus jamais de rien et tu découvriras un trésor qui m'a été volé par un terrible géant. Si tu parviens à le récupérer, il sera à toi. » Jacques, qui voulait avant tout faire plaisir à sa mère, accepta sur-le-champ.

Il rentra chez lui le cœur léger, mais quand sa mère comprit qu'il avait vendu leur vache contre des graines de haricot,

elle envoya Jacques se coucher et, de rage, jeta les graines par la fenêtre.

Le lendemain matin, lorsque le garçon se réveilla, il constata avec stupeur qu'une plante géante avait poussé pendant la nuit. C'était un énorme haricot ! **Jacques ouvrit la fenêtre, en escalada le rebord et grimpa sur la tige.**

Lorsqu'il arriva sur une étendue de nuages, il descendit et marcha longtemps avant de trouver une maison. Il frappa à la porte. « J'ai soif, j'ai faim et je suis épuisé. Puis-je entrer pour me reposer ? demanda-t-il à la servante qui lui ouvrit.

– Hélas, je voudrais bien t'offrir le gîte, mon garçon,

répondit-elle, mais mon maître est un géant mangeur d'enfants. » À ce moment, la voix du géant retentit et, effrayé, **Jacques alla se réfugier au fond du garde-manger.** Le géant, alléché par l'odeur, déclara : « Ça sent la chair fraîche, ici. Tu as fait entrer quelqu'un ! »
La servante le fit vite asseoir à table pour le distraire et, quand il eut avalé plusieurs victuailles, il lui demanda de lui apporter ses sacs d'or qu'il aimait tant compter. Puis, il s'endormit et se mit à ronfler bruyamment.

Jacques en profita pour se glisser hors de sa cachette. **Il saisit les sacs d'or et les chargea sur ses épaules.** Alors qu'il était sur le seuil de la maison, il fit tinter des pièces en les cognant et le géant se leva d'un bond. Mais ce dernier était fort maladroit et, alors qu'il s'emmêlait les pieds dans les tapis, Jacques rejoignit le haut du haricot et se laissa glisser jusqu'en bas.
Le géant était si lourd que, lorsqu'il agrippa la tige du haricot, il le fit ployer du côté de la mer et, entraîné par son poids, il plongea dans l'océan et se noya.

Sa mère accueillit Jacques avec des cris de joie et ils vécurent heureux, sans plus se soucier du lendemain.

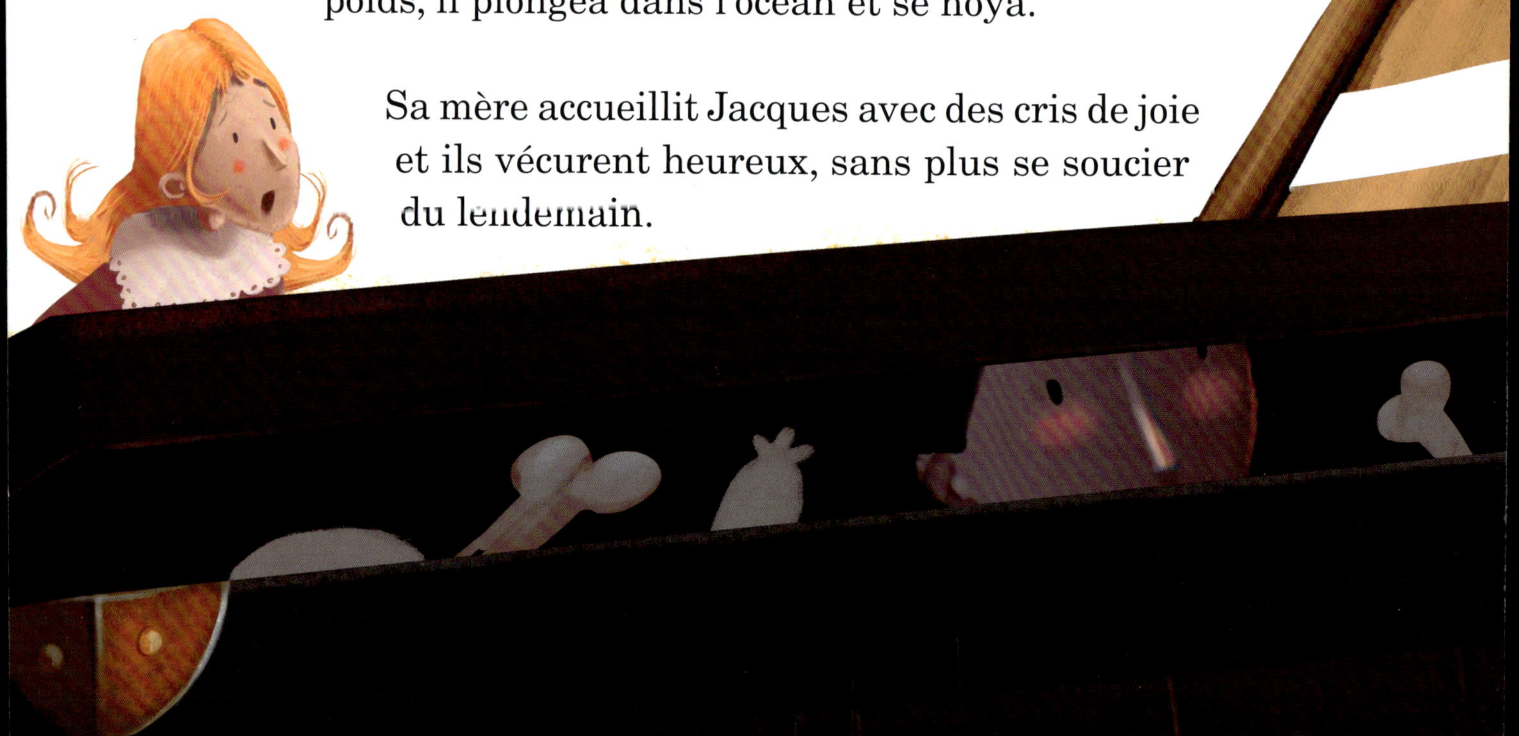

Directrice éditoriale : Laura Levy
Éditrice : Maurane Chevalier
Responsable du studio graphique : Sabrina Regoui
Mise en page : Margaux Khalil
Responsable fabrication : Éric Peyronnet
Fabrication : Joséphine Boittin